S0-CCI-430

HIROSHI'S LATTE ART AND BARISTA STYLE

ラテアート＆バリスタスタイル

澤田 洋史

INTRODUCTION

フリーポア ラテアートとは
完璧に抽出したエスプレッソと
究極にきめ細やかなフォームミルクからできるもの。

そして、ミルクピッチャー以外の器具を使わず、
ミルクの注ぎのみで描かれるもの。

フリーポア ラテアートはおいしさの証明。

高度なエスプレッソの抽出とミルクのスチーミング技術は不可欠であり、最高の一杯にアートを描くということは「バリスタのテクニックの頂点」であり、そこでは、アートの美しさと味が比例している。

完成したアートだけではなく、描く技、ライブアートを見せることも、フリーポア ラテアートの醍醐味である。

澤田洋史

Free pour latte art is made of a good shot of espresso and steamed microfoam milk.

The art is done using milk and a milk pitcher, nothing else.

A quality latte and free pour art comes hand in hand.

Perfectly extracted espresso and advanced milk steaming technique is a must. A beautiful latte art highlights “barista's greatest technique” and the finishing product signifies a delicious cup of latte.

Free pour latte art is not only about showcasing latte artistry. The process of art drawing and live performance during the pour make the whole free pour latte art experience more enjoyable.

Hiroshi Sawada

Supreme

CONTENTS

upreme

THE WORLD OF LATTE ART

シアトルで進化した"フリーポア"の文化 エクストリームスポーツ感覚のスリルも魅力

ラテアートとは、ホットのカフェラテやカプチーノなど、エスプレッソとミルクをベースに作るさまざまなエスプレッソドリンクの表面に描かれるデザイン（アート）のこと。エスプレッソ発祥の地、イタリアで生まれ、その後アメリカに渡り、カナダやオーストラリア、日本など世界に広がりをみせている。

ラテアートと並んでよく聞かれる言葉に「デザインカプチーノ」がある。両者を区別する明確な定義はないが、業界では一般につまようじやピックなどでミルクを注いだ後にデザインを描く（エッチングという）ものを「デザインカプチーノ」と呼ぶのに対し、ミルクピッチャー以外の器具は使わず、ミルクの注ぎ（Pour/ポア）のみで描くものを「ラテアート」という。そして後者のことを北米ではフリーポア ラテアート（Free Pour Latte Art）と呼ぶ。米国シアトルで進化し、それまでひとつのハート、ひとつのロゼッタ（リーフ）という典型的なアートから抜け出した。

カップからミルクがこぼれる限界までミルクピッチャーをふり、デザインを描く。それによって体感するスリルは、スケートボードやロッククライミングなど、危険・過激・離れ業といった要素をともなう「エクストリームスポーツをする感覚」と似ている。そしてこのスリルもフリーポア ラテアートの魅力である。特にラテアートの大会では、度胸と集中力が欠けていると緊張のあまり、手が震えてアートが描けないか、ミルクをこぼしてしまう。シアトルをはじめアメリカ西海岸でフリーポア ラテアートが発達した背景には、エクストリームスポーツが盛んな土地柄であることも影響しているのだろう。

フリーポア ラテアートに必要な 3つのテクニックと3つの条件

フリーポア ラテアートは、完璧に抽出されたエスプレッソと、究極にきめ細やかなフォームミルクがあって初めてできるもの。つまり、カフェラテに施されたラテアートは、それが「最高のエスプレッソ」と「最高のミルク」によりできた「最高においしいカフェラテ」であることを証明する。それにはもちろん、バリスタの腕（テクニック）が不可欠である。

3 techniques and 3 conditions required for free pour latte art

Free pour latte art requires a good shot of espresso and microfoam milk. Therefore, a beautiful latte art is a good indicator of a delicious latte made of quality espresso and properly steamed milk. Of course, we cannot forget that all comes with skilled barista's hand.

ラテアートに欠かせない3つのテクニック

1. 完璧なエスプレッソを抽出するテクニック
2. 究極にきめ細やかなフォームミルクをつくるテクニック
3. ミルクの注ぎによってデザインを描くテクニック

ラテアートを象徴する2つのデザイン、ロゼッタとハートから発展し、最近はさまざまなデザインが描かれるようになった。より高度なデザインを追求するため、またラテアートが施された「最高においしいカフェラテ」をよりおいしく味わうためにも"美しさ"は重要なポイントである。

3 most important techniques for latte art

1.Technique to brew perfect espresso
2.Technique to steam perfect microfoam milk
3.Technique to make latte art design

In recent years, there are many various forms of latte art design, which developed out of rosetta and heart shape. These two designs are the two most common forms of poured latte art.

美しいフリーポア ラテアートに 欠かせない3つの条件

1. エスプレッソの抽出カラー（エスプレッソの色やクレマの状態など）
2. アートの鮮明度（エスプレッソとミルクとのコントラスト、クレマとフォームミルクの調和）
3. アートのバランス（カップとの調和、左右対称など）

3 conditions necessary for making beautiful free pour latte art

1.The color infusion of espresso (the color of espresso shot and the condition of crema).
2.Art contrast (the contrast of espresso and milk, good ratio of crema and milk foam).
3.Art balance (balance within a cup, symmetrical design, etc.).

MACHINE & TOOLS

マシーンと器具

ここでは使用する器具のパーツを紹介する。

Introduction of different tool parts

THE ESPRESSO MACHINE

エスプレッソマシーン

01_ **Steam Knob**
スチームノブ

02_ **Delivery Unit Buttons**
デリバリーユニットボタン

03_ **LCD Display**
LCDディスプレー

04_ **Function Buttons**
ファンクションボタン

05_ **Selection Buttons**
セレクションボタン

06_ **Data Plate**
データプレート

07_ **Hot Water Nozzle**
ホットウォーターノズル

08_ **Manual Steam Nozzle**
マニュアルスチームノズル

09_ **Pressure Gauge**
プレッシャーゲージ

10_ **Optical Level**
オプティカルレベル

11_ **Adjustable Foot**
アジャスタブルフット

12_ **2 Coffees Spout**
ダブルスパウト

13_ **Main Switch**
メインスイッチ

14_ **Grouphead**
グループヘッド

Dispersion Screen
(ディスパージョン)スクリーン

Dispersion Screw
(ディスパージョン)スクリュー

Grouphead Gasket
グループヘッドガスケット

15_ **Porta-filter**
ポルタフィルター

エスプレッソマシーンの付属器具。挽いた粉コーヒーをバスケットに入れて、タンピングで粉を詰める。

Tamp evenly distributed ground coffee in the basket.

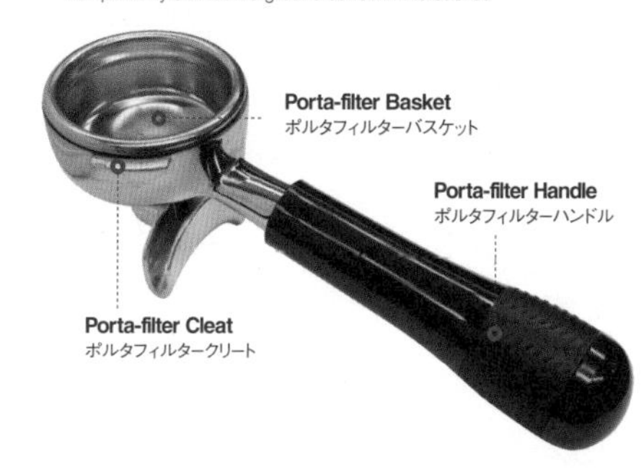

GRINDER

グラインダー

Hopper Lid
ホッパーリッド
Hopper
ホッパー
Gate Adjustment Collar
ゲイトアジャストメントカラー
Dosing Chamber
ドーシングチャンバー
Dosing Lever
ドーシングレバー
Grinder Forks
グラインダーホーク
Switch
スイッチ

MILK PITCHER

ミルクピッチャー

ラテアートの細い線を描くには、注ぎ口が三角に尖っているものがベスト。

It is best to use a pitcher with narrow spout to draw a thin line.

TAMPER

タンパー

タンピングの際に使用する。ピストンの直径はエスプレッソマシーンの機種に合わせる。

Used for tamping.Match the diameter of piston according to the type of espresso machine being used.

CUSTOM MACHINES

カスタムマシーン

米国では、車やバイクを改造するように、エスプレッソマシーンや使用する器具などを改造するカルチャーがある。プロのバリスタは、エスプレッソマシーンを単なる厨房機器のひとつとして考えるのではなく、自分仕様に改造、チューンナップし、こだわり抜いた最高の一杯を提供する。

STREAMER COFFEE CO. X ESPRESSO PARTS
Barista Pro Shop's Digital Camouflage 2 Group Linea

エスプレッソマシーン

ボディーはストリーマーコーヒー仕様のデジタル・カモフラージュの塗装に、ブルーのスケートボードウィールスタンドを施した。スケルトンになった強化ガラスに変更することで、エスプレッソマシーンのエンジンであるボイラーを見ることができる。ほか抽出圧、スチーム圧をアップさせるためにボアアップ、スチームノズルのホールの変更も行っている。

Hiroshi Camo Robur

グラインダー

カーボンファイバーホッパーに、デジタルカモフラージュボディにしたカスタムグラインダー。背面には、トリプルロゼッタをレーザー加工した。強力モーターを搭載し、ハイスピードでコーヒー豆をグラインドし、自動計量が可能。

Milk Pitcher

ミルクピッチャー

ひと目で自分のミルクピッチャーとわかるよう、オリジナルロゴと名前を塗装。最高のラテアートを描くため、注ぎ口、持ち手の形状を自分仕様に。

Tamper

タンパー

ピストンの径は、エスプレッソマシーンに合わせて、ハンドルは、自分の手の大きさにあった長さ・太さに合わせて作成。左は澤田洋史私物のスケートボードウィールを装着させたカスタムタンパー。

CHAPTER_01

ESPRESSO PREPARATION

ESPRESSO PREPARATION TECHNIQUE

WHAT IS THE IDEAL WAY OF EXTRACTION?

理想的な抽出とは?

エスプレッソは、加圧された湯がコーヒーを通って抽出される。湯(水)の性質上、抵抗の少ないところを通ろうとするため、コーヒーの密度が低いところや高さが低いところを通る。つまりコーヒーを均一な密度に分配をしないと、理想的な抽出が得られず、また美しいラテアートを描くこともできない。

Espresso is extracted when hot water runs through finely ground coffee. Water tends to flow into space where it is less dense as well as places that are low in height. In order to extract a good shot and to make beautiful latte art, the ground coffee must be tamped firmly and evenly.

理想的な抽出

均一に計量、分配、ダンピングされたコーヒーは湯が均一に通り、完璧なエスプレッソが抽出される。

Ground coffee that is evenly dosed, distributed and tamped will allow hot water to penetrate evenly and results in a perfect espresso shot.

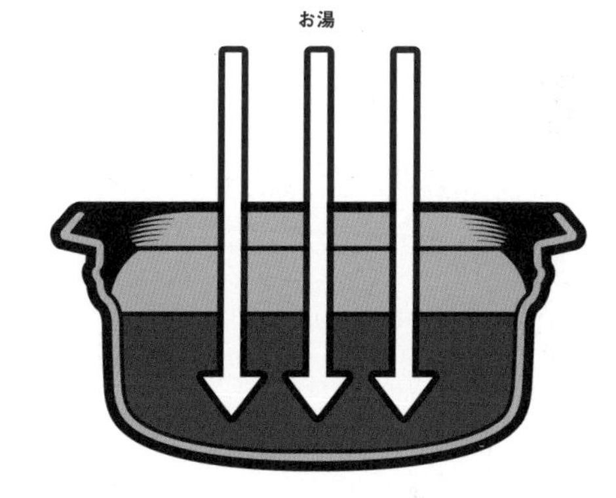

よくない抽出

不均一に計量、分配、ダンピングされたコーヒーの密度が高い部分は、湯の通りが悪く、エスプレッソの色は濃く、風味が少なくなり「抽出不完全」な状態になる。一方、密度が低い部分は、湯の通り過ぎで、エスプレッソの色は薄く、味も苦みが強く、カフェインが多くなり、「抽出過剰」な状況となる。

Ground coffee that is unevenly dosed, distributed and tamped will create uneven water flow through a dense area. This results in darker color espresso and underdeveloped flavor, which is the cause of "underextraction". On the other hand, when hot water penetrates through a weak spot, it creates excessive water flow. This results in lighter color espresso, increase in bitterness and more caffeine, which is the cause of "overextraction".

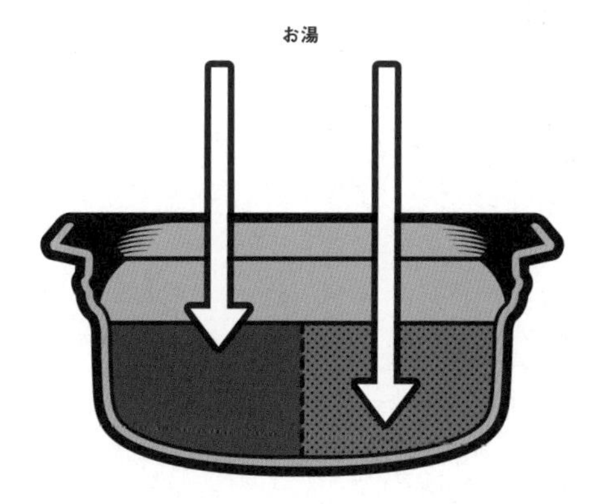

ESPRESSO PREPARATION TECHNIQUE

DOSING AND DISTRIBUTING COFFEE

コーヒーの計量と分配

コーヒー豆を挽いたら、粉のコーヒーを計量して分配する。つねに一定量を計量し、均一に分配することが重要なポイントである。

Dose the desired amount of ground coffee. It is important to dose the same amount consistently and distribute it evenly.

フィルターバスケットに挽きたての粉コーヒーをいれる。
Fill the filter basket with freshly ground coffee.

バスケットの表面が濡れたままだと、濡れた抵抗が少ない部分に、湯が通る。

Moisture on the bottom surface of the basket will allow hot water to flow into areas that are less wet.

乾いた布で、毎回バスケットを清潔にする。

Wipe the basket clean with a dry rag after every use.

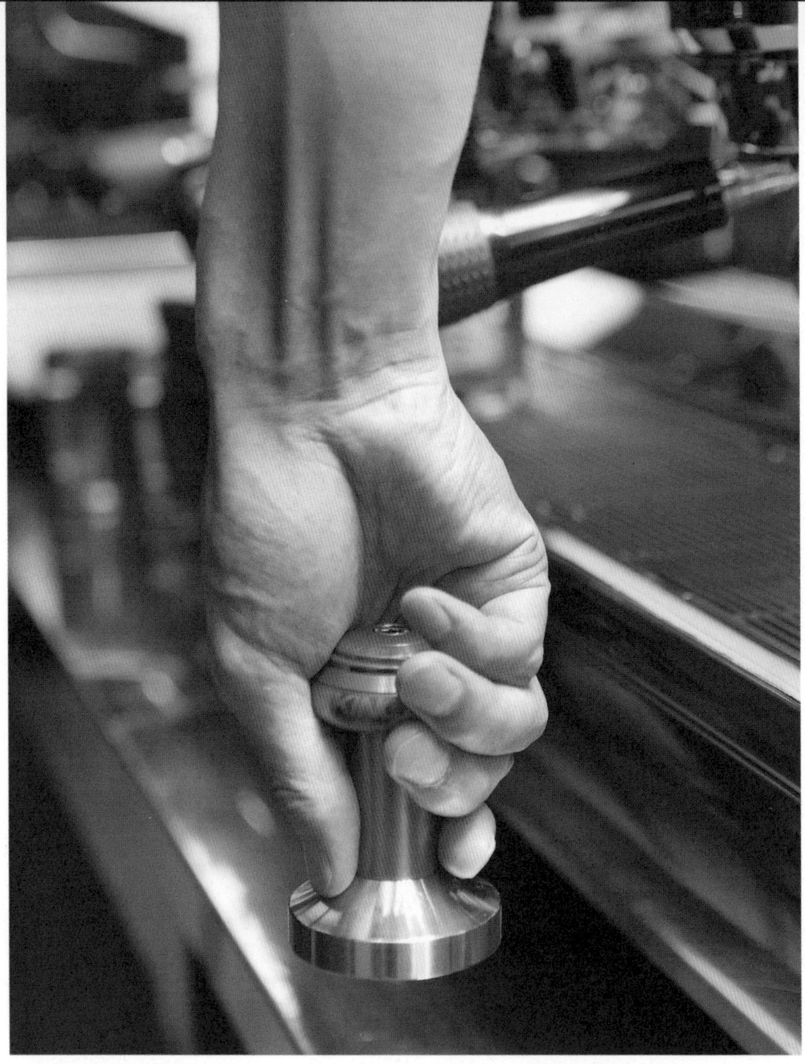

タンパーの持ち方
手首を曲げず、タンパーの先から持ち手のひじまで一直線を保つ。

Gripping the tamper properly
Keep your wrist straight. The tamper should be a straight extension of your arm.

ESPRESSO PREPARATION TECHNIQUE

TAMPING

タンピング

ポルタフィルターに均一に分配した粉コーヒーをタンパーで詰める。つねに一定の力で粉コーヒーの表面を水平に押すことがポイント。

Tamp coffee grounds that has been dosed and distributed evenly. Key is to level the tamp applying same amount of force every time.

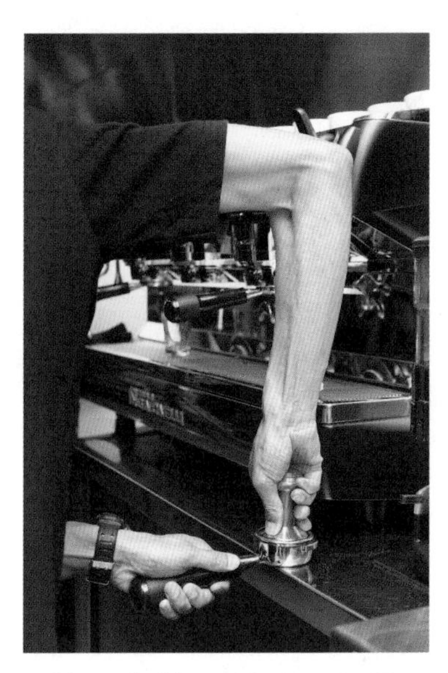

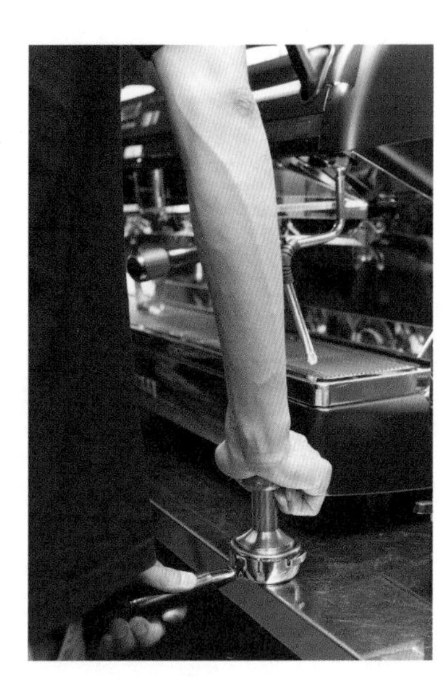

腕の角度は90度をキープして、ひじから下は、ポルタフィルターに対して垂直。
Keep your arm at 90 degrees.Porta-filter should be positioned at a perpendicular angle from your elbow down.

手首が曲がっていると強く水平に押すことができない。
If your wrist is bent, it will cause an uneven tamp.

TAMPING_**01**

まっすぐ水平におよそ2.5kgの力で粉コーヒーを押さえる。まっすぐ水平に押さえることに集中する。

Apply 5lb of pressure and tamp evenly.

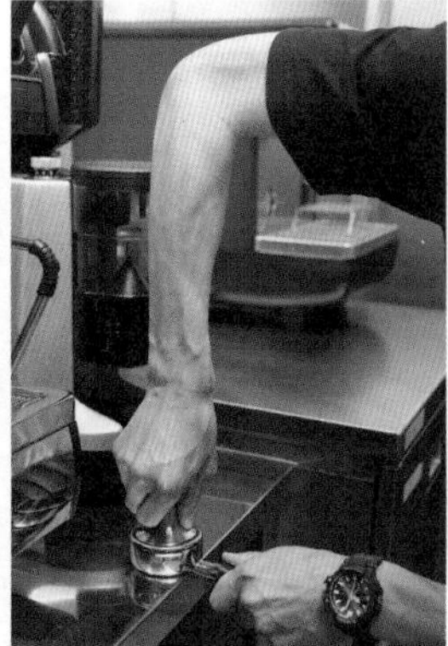

TAMPING_**02**

まっすぐ水平におよそ13.5kgの力で粉コーヒーを押さえる。

Apply 30lb of pressure and tamp evenly.

TAMPING_**03**

タンパーを360度回転させ、粉コーヒーの表面を磨く。

Twist the tamper 360°and polish the surface.

ESPRESSO PREPARATION TECHNIQUE

PROBLEM OF TAMPING

ダンピング問題

ポルタフィルターに均一に分配された粉コーヒーは、均等に押詰めなければ完璧なエスプレッソは抽出できない。

Coffee grounds that are evenly distributed in the porta-filter must have smooth and level tamp to get a perfect shot.

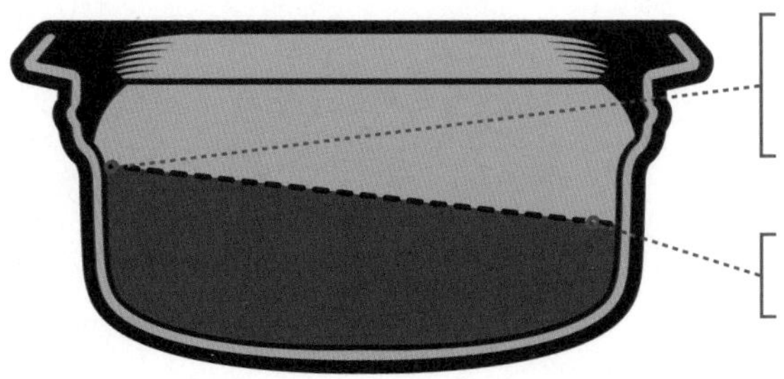

粉コーヒーが水平に押さえられてないと高い部分は湯の通りが悪く、抽出不完全

Uneven tamp results in restricted water flow at the high point and will cause insufficient extraction.

低い部分は湯が通り過ぎて、抽出過剰

Heavy water flow at the bottom will cause overextraction.

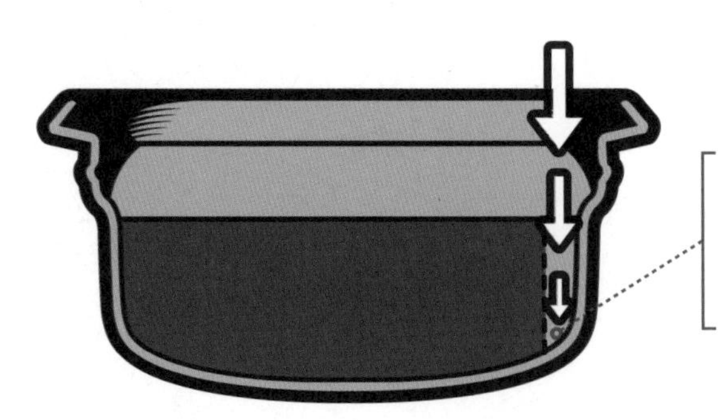

横からの衝撃や過度のタンピングは粉コーヒーとバスケットの間にすき間が空き、そこから湯が逃げ、抽出不完全となる。

Tapping or hard tamping will create a gap between the coffee bed and the basket, allowing hot water to escape. This will cause insufficient extraction.

使い終わったタンパーは濡らさないように乾いた場所に置く。グラインダーホークやホッパーリッドなどの上に置くように場所を決めておくとよい。

Place tamper on a dry surface. It is best to place on a grinder fork or on a hopper lid after finish using.

ESPRESSO PREPARATION TECHNIQUE

GRIND SETTING

グラインダーの使い方

エスプレッソの抽出状態を調整する場合は、グラインダーでのコーヒー豆の挽き具合だけを変更・調節する。このとき、ポルタフィルターに詰める粉コーヒーの量とタンピングの強さはつねに一定を保つようにする。

To change the extraction condition, change or adjust the grind setting. Always maintain identical dosing mass and keep tamping pressure consistent.

グラインダーを調節する必要があるのは
Conditions when grind adjustment is necessary

CASE_**01**

湿度が高い

粉コーヒーに湿気を帯びて密着度が高い状態。湯が通る抵抗が強まり、抽出速度は遅くなる。そうすると抽出時間内に抽出量を得られずにタイムオーバーとなる。エスプレッソは渋みが強く苦くなる。

High humidity

Coffee contains moisture so the grounds are more packed and dense. Water resistance becomes high and extraction flow rate slows down. This result in underextraction and espresso tastes bitter and astringent.

解決策：コーヒー豆の挽きを粗くする。
Solution: Adjust to a coarser grind.

CASE_**02**

湿度が低い

粉コーヒーに湿気が少ないため、密着度が低い状態。湯の通りがよいので、抽出速度は速くなる。そうすると抽出量に満たない間に、エスプレッソの色が明るくなり、エスプレッソの風味も少なくなる。

Low humidity

Coffee contains less moisture and the grounds are less packed. Water flow increases and extraction flow rate becomes faster. This result in lighter color espresso and insufficient flavor development.

解決策：コーヒー豆の挽きを細かくする。
Solution: Adjust to a finer grind.

グラインダーにはつねに全体の2/3以上のコーヒー豆は入れておく。それ以下の量だと、豆が下に落ちにくくなり、挽きが粗くなって一定の挽き具合にならない。

Keep Espresso hopper at least 2/3 full to avoid inconsistent grinding.

粉を詰めたポルタフィルターをマシーンのグループヘッドに装着し、エスプレッソ抽出を開始する。色はダークブラウンからレッドブラウンへ、さらに明るいブラウンへと変化。濃厚な成分のみ抽出する。完璧な抽出は、この濃厚な成分が多くなる。

Latch the porta-filter onto espresso machine and begin the extraction. The espresso color change from, dark brown to reddish brown and to lighter brown at final phase. A good shot consists of rich and heavy crema.

SHOT_01

SHOT_02

SHOT_03

クレマの色が明るくなったところで抽出を止める。最も純度の高い風味の濃密なエスプレッソ。

Stop the extraction when crema turn into a lighter color. Rich and aromatic espresso is extracted.

ESPRESSO PREPARATION TECHNIQUE

THE PERFECT SHOT

エスプレッソを抽出する

エスプレッソマシーンにポルタフィルターをセットし、エスプレッソの抽出を開始する。

Begin the extraction by latching porta-filter onto espresso machine.

きめが細かく、厚みのあるエスプレッソの泡。矢印部分の濃いレッドブラウン色がラテアートの背景となる。

Crema layer is thick, and reddish-brown color becomes the background for latte art

ESPRESSO PREPARATION TECHNIQUE

COLOR INFUSION OF ESPRESSO

エスプレッソの抽出カラー

完璧な抽出ができたか、どうかは、エスプレッソの表面のクレマの色や状態で判断できる。

Crema is a good indicator of how well espresso has been extracted.

完璧なエスプレッソ

- 濃いレッドブラウン色をしており、とろりと蜜のような状態
- クレマに厚みがあり、ミルクを注いでもクレマは壊れにくく、容易にミルクと混ざり合わない
- 挽きたてのコーヒーの香りがする
- 味は苦みがなく、濃厚

Perfect espresso

- Reddish-brown color and a syrupy texture.
- Thick crema that will not break easily when milk is poured.
- Fresh coffee aroma.
- Rich in flavor and less bitter in taste.

エスプレッソの抽出色が薄い

- クレマに厚みがなく、ミルクを注いだ瞬間にクレマとミルクが混ざり合う
- 水っぽい状態
- 味は薄くて、酸っぱい

Espresso has pale color

- Crema layer is thin and break easily when milked is poured.
- Watery texture.
- Less flavor and acidic in taste.

BAD SHOT

エスプレッソの抽出色が黒い

- コーヒーの油分と水分が分離した(クレマに穴がある)状態。ミルクを注いだ瞬間にクレマとミルクが混ざり合う
- 黒々とした状態
- 味は渋くて、苦い

Espresso has blackish color

- Coffee fat and its water content separates (there is a hole in a crema). Crema does not stay intact when milk is poured.
- Dark blackish color
- Astringent and bitter in taste.

いずれも鮮明なラテアートが描けない

It is difficult to make latte art with good contrast.

FIRST AID FOR
CHOKING

CHAPTER_ 02

MILK PREPARATION

エスプレッソ抽出からラテアートを描くまでの工程
Process of Espresso Extraction to Making Latte Art

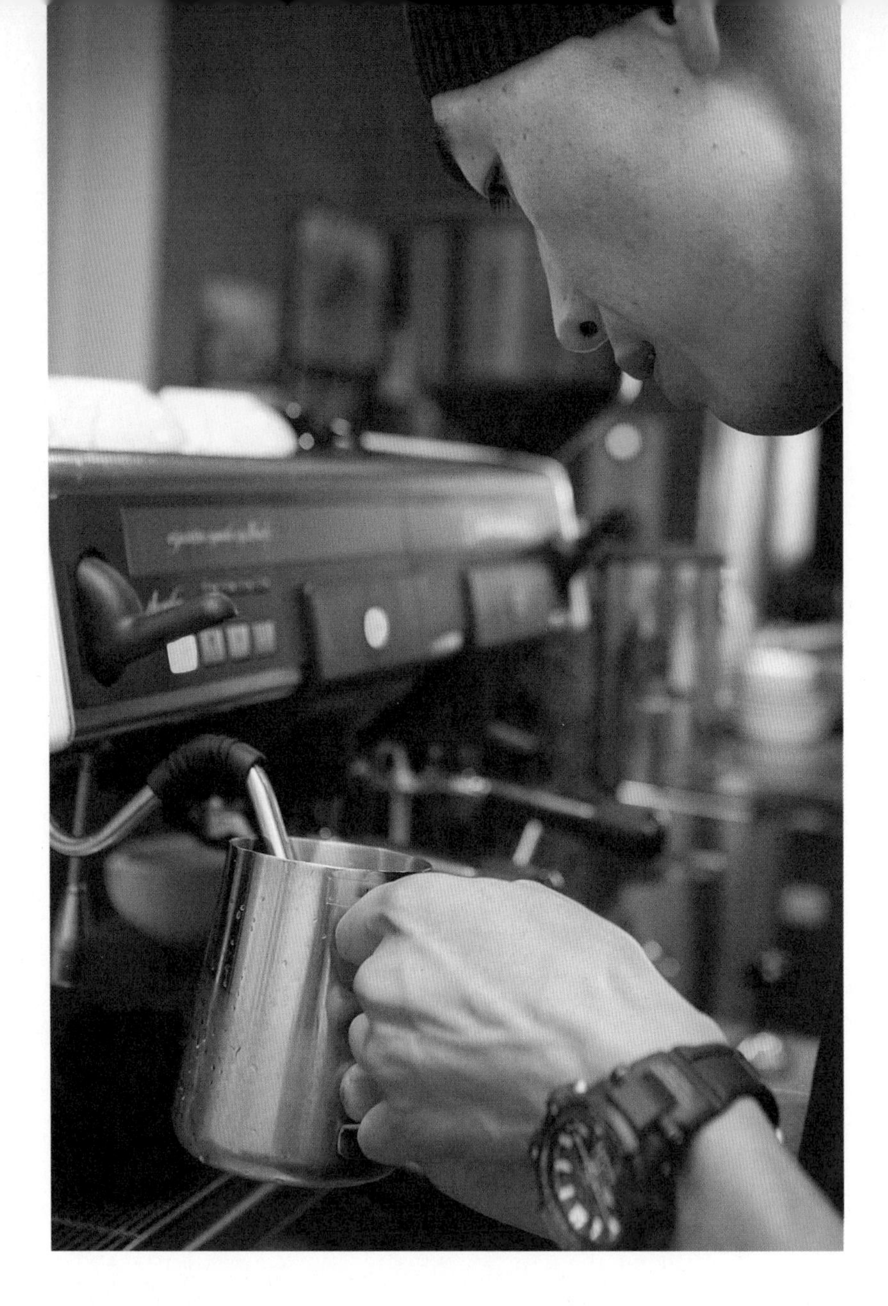

MILK PREPARATION TECHNIQUE

PERFECTLY TEXTURED MILK

STEP_01

冷たいミルクをピッチャーに入れる(再加熱ミルクは不可)。ピッチャーも冷えたものを使い、同じ温度帯からスチーミングするのが望ましい。

Pour cold milk in a pitcher (do not reuse already steamed milk). It is recommended to steam with a cold pitcher and cold milk of same temperature.

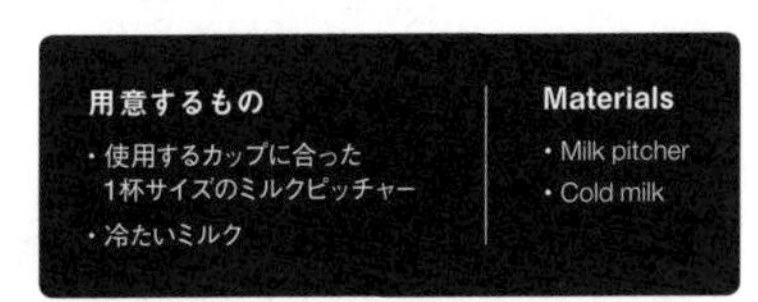

用意するもの
・使用するカップに合った
1杯サイズのミルクピッチャー
・冷たいミルク
Materials
・Milk pitcher
・Cold milk

STEP_02

ミルクに空気を取り込む

ミルクの液面にスチームワンドの先端を固定させて空気を入れる。およそ37〜38℃の温度までは小さい泡を目指す。38℃のとき、ミルクの量は1.1〜1.3倍になる。できる限り、短時間で終わらせるのがポイント。

Stretch

Insert the tip of a steam wand just below the surface of the milk. Keep it stable and stretch the milk. Aim for tight small bubbles until the temperature reaches 37〜38℃ (45〜100°F). At 38℃(100°F), the milk should increase its volume by 1.1~1.3 times. Try to keep the stretching time short.

STEP_03

およそ58〜65℃（135〜150°F）でスチーミングを止める。
これ以上温めるとミルクの甘みがなくなる。

Roll

Stop steaming when the temperature reaches 58〜65℃ (135〜150°F), otherwise, the milk will loose its sweetness.

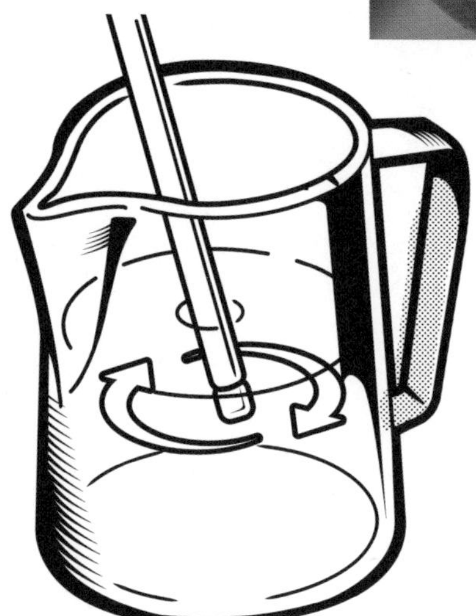

Point

スチームの圧力はつねに全開にする（圧力が低いと泡がつぶれない）。
Steaming pressure should always be at maximum (if the pressure is low, the bubbles will not break)

②のStretchから③のRoll完成までつねにミルクを回転させる。
Keep milk spinning starting from ② Stretching untill ③ Rolling.

③のRollの時間が長くできるほど、シルキーなフォームミルクが完成する
Longer rolling time results in more silky foamed milk.

BAD FOAM

泡の粒が浮いて光沢はなくザラザラとしている。
Big coarse bubbles and has no shine.

口当たりがよく、エスプレッソの風味を高めるフォームミルク。
肉眼で泡の粒が見えないほど、きめが細かく光沢がある。

Has a good mouth-feel and it enhances the flavor of espresso.
Tight microfoam bubbles and has silky texture.

MILK PREPARATION TECHNIQUE

CAFFÈ LATTE AMOUNT OF MILK FOAM

カフェラテのフォームミルク量

カフェラテのフォームミルクの量は上1cmぐらいが目安。

Caffè Latte has milk foam of approximately 1cm thick on the top.

PROCESS_

01_ 冷たいミルクをピッチャーに入れる。陶器のカップは温めておく
02_ 1杯分のコーヒー豆をグラインダーで挽く。この間にポルタフィルターを乾いた布でふく。
03_ 粉コーヒーをポルタフィルターのバスケットにセットする。このときはグラインダーのドーシングチャンバーは空にする
04_ 粉コーヒーをバスケットに均一に分配する
05_ まっすぐ水平におよそ2.5kgの力でタンピングする
06_ まっすぐ水平におよそ13.5kgの力で再度タンピングする
07_ タンパーを360度回転させて、粉コーヒーの表面を磨く
08_ ポルタフィルターをグループヘッドに装着し、エスプレッソの抽出を開始する
09_ スチームワンド内の湯を出すため、空ぶかしをする
10_ ミルクのスチーミングを開始する。およそ38℃に達するまでにミルクに空気を取り込み、その後はミルクを回転・撹拌させて泡をつぶしていく
11_ エスプレッソの色が明るくなったら、抽出を止める
12_ ミルクの温度がおよそ65℃を超える前にスチーミングを止める
13_ スチームワンドを空ぶかしして湿った布できれいに拭く

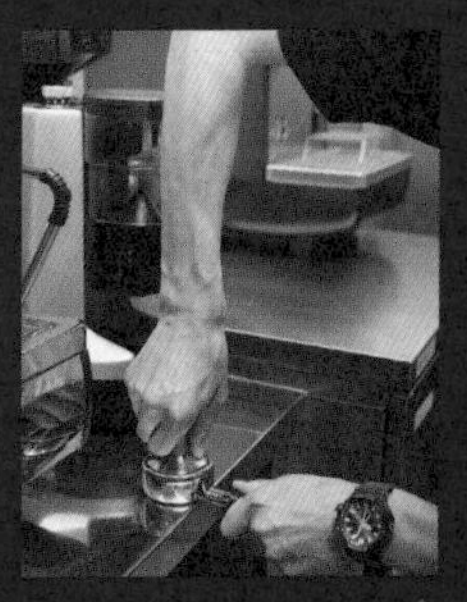

PROCESS_04 PROCESS_05

PROCESS OF ESPRESSO EXTRACTION TO MAKING LATTE ART

エスプレッソの抽出からラテアートまでの工程一覧

PROCESS_11 PROCESS_12 PROCESS_13

PROCESS_

01_ Pour cold milk in a pitcher. Pre-heat a ceramic cup
02_ Grind per shot. Remove porta-filter and dry with a clean rag
03_ Dose ground coffee into the porta-filter basket. Make sure the dosing chamber is empty
04_ Distribute the ground coffee evenly
05_ Keep a straight line from arm to wrist and apply 5lb of leveling tamp
06_ Apply 30lb of pressure and compress the grounds evenly
07_ Twist the tamper 360° and polish the surface
08_ Latch the porta-filter on grouphead and begin espresso extraction
09_ Purge steam wand to let out any condensed water
10_ Start steaming. Stretch the milk until the temperature reaches 100°F. Let the milk roll to create silky texture
11_ Stop the extraction when espresso turns into a lighter color
12_ Stop steaming before the milk reaches 150°F
13_ Clean off the steam wand with a damp towel

PROCESS_14

PROCESS_15

PROCESS_

14_ 抽出したてのエスプレッソに、スチーミングしたてのミルクを注ぐ
15_ ラテアートを披露する

PROCESS_

14_ Pour the milk over espresso
15_ Demonstrate latte artistry

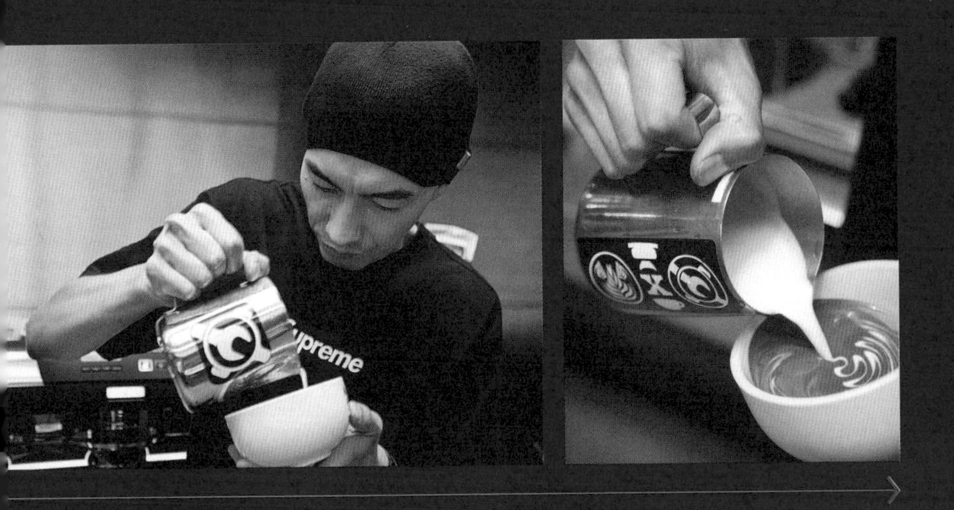

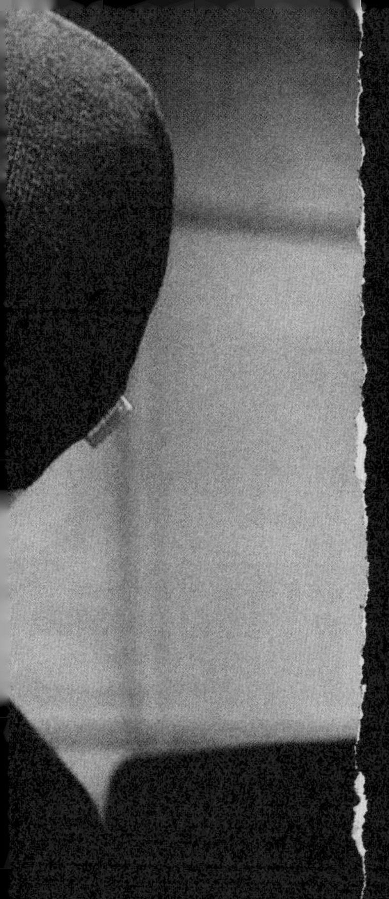

CHAPTER_03

MECHANICS OF THE POUR AND DRAWING LATTE ART

MECHANICS OF THE POUR

HOW TO USE THE PITCHER

ミルクピッチャーの扱い方

以下は一般的なにぎり方。ふりの動作は左右対称が原則。

Below is the standard way of gripping a pitcher. It is critical to swing the pitcher in symmetrical motion.

ピッチャーのにぎり方 | Gripping the Pitcher Properly

基本のにぎり方
Standard grip

ペンを持つようにグリップをにぎる
Hold like gripping a pen.

いずれの場合も指と手首を使ってピッチャーをふる。手首より上の腕は、ぐらつきの原因となるので降らないように注意する。

Use only your wrist and fingers to swing the pitcher. Keep your arm above the wrist stable.

ピッチャーのふり方 | Swinging the Pitcher

ピッチャーがぐらつかないように、まっすぐ横へ左右対称にふる。

Swing the pitcher side to side.

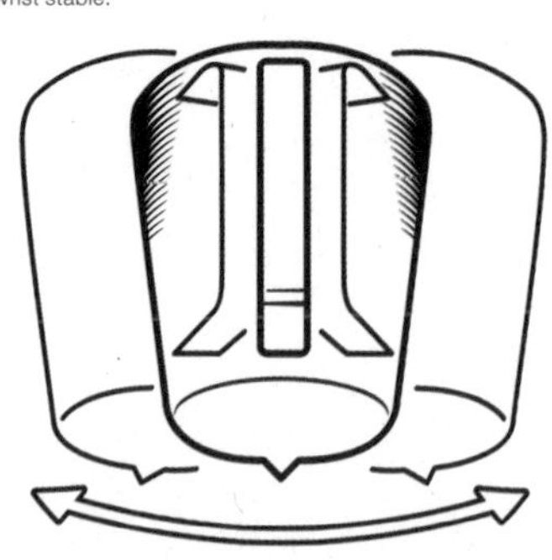

MECHANICS OF THE POUR

STAGES OF THE LATTE ART POUR

ラテアートを描くための「注ぎ」の基本構造

ラテアートは第①工程から第③工程を経て描かれる。 | Making Latte Art : Steps ① to ③

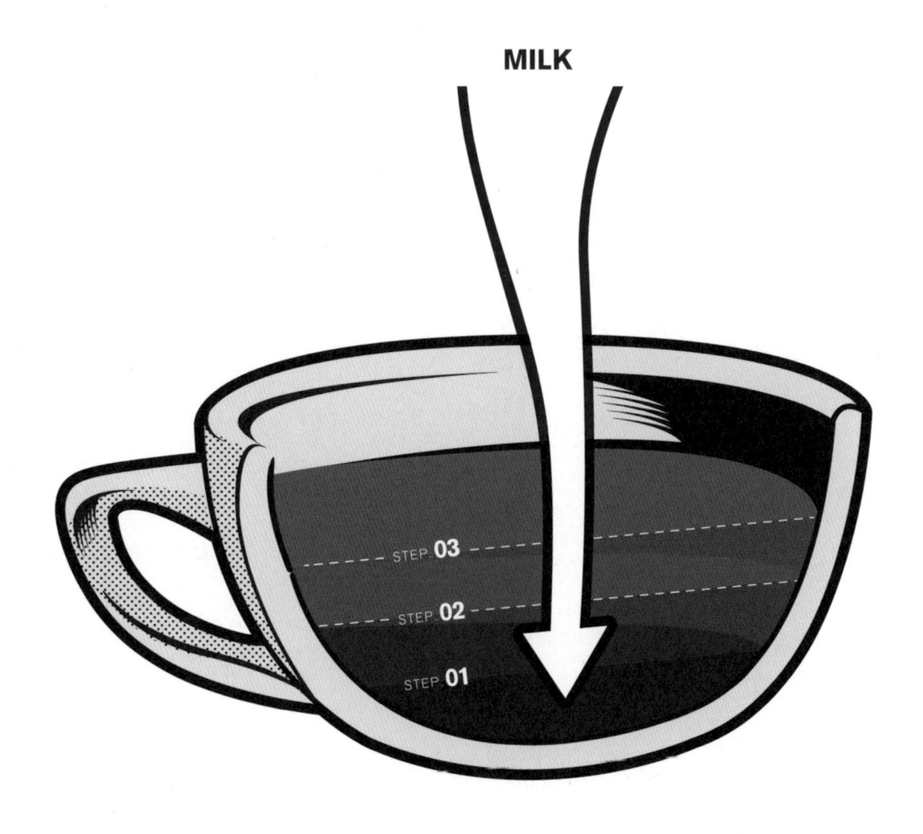

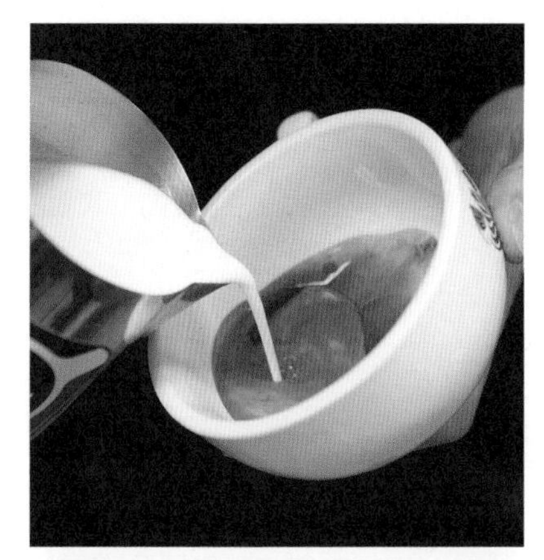

STEP_01

クレマの下にミルクを沈める

ミルクをエスプレッソに差し込むようなイメージで細い注ぎをする。ラテアートの背景になるクレマの色をキープする。

Sink the milk

Carefully and steadily pour in a thin streak of milk into espresso and keep the color of crema in the background.

STEP_02

クレマの上に白いドット(ミルク)を引き出す

ピッチャーの先をクレマに近づけて注ぐと、白いドットが浮き上がる。このとき、クレマ(エスプレッソの泡)とフォームミルク(ミルクの泡)の比重が同じになる。

Float the milk

Lower the tip of the pitcher close to crema and "white dot" will appear. At this point, the crema and foamed milk has the same density.

STEP_03

ピッチャーをふり、デザインを描く

白いドットが浮き上がったら、ピッチャーをふり出して描き始める。

Draw the design

Once the "white dot" appears, gently swing the pitcher side to side.

MECHANICS OF THE POUR

CONTROLLING THE PITCHER

ミルクの注ぎコントロール方法

P45であげた第①工程、第②工程のいずれも、AかBの方法を用いてミルクを注ぐ

Use method A or B for both Process ① and ②.

PROCESS_01

クレマの下にミルクを沈める方法

To Sink the Milk

高い位置から注ぐ

高い位置から注ぐほど、加速度が増すためにミルクがクレマの下に沈み込む。

Pour from a high point.

Raising the pitcher too high will cause milk to dive under the crema.

クレマの表面に垂直に注ぐ

注ぐスピードを落として比重の高い(重い)ミルクを出し、さらに垂直に注ぐとよい。

Pour at a perpendicular angle.

Pour high density milk slowly at a perpendicular angle.

PROCESS_02

クレマの上に白いドット（ミルク）を引き出す方法

To Float the Milk

低い位置から注ぐ

ピッチャーの注ぎ口がクレマの表面に近いほどミルクは浮き、遠い（高い位置）ほどミルクは深く沈み込む。

Pour from a low point

Milk will float when the tip of the pitcher is close to the surface of the crema and sink if it is too far or high up.

注ぎの角度を低くする

注ぎのスピードを速めて比重の低い（軽い）ミルクを出し、さらに角度を低くして注ぐとよい。

Pour at a low angle

Pour low density milk faster at a lower angle.

DRAWING LATTE ART

HOW TO MAKE A ROSETTA

ロゼッタ

PROCESS_**01**

クレマの下にミルクを沈める

P45と同じく、エスプレッソにミルクを注ぐ。

Sink the milk

Pour milk into espresso.

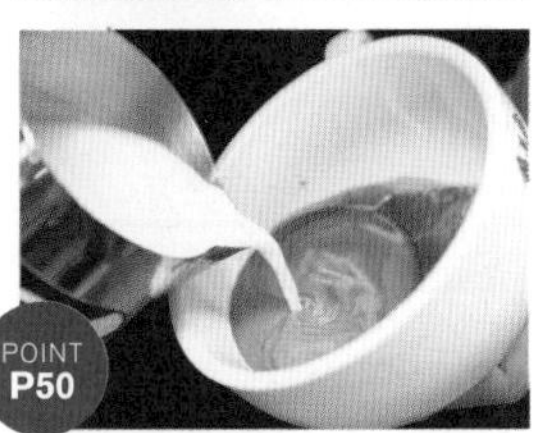

POINT P50

PROCESS_**02**

クレマの上に白いドット(ミルク)を引き出す

白いドット(ミルク)が出て、クレマとミルクのフォームの比重が一致した状態になってから描くことで、葉っぱに葉脈が入った繊細なロゼッタが描ける。

Float the milk

Make a rosetta when "white dot" appear on the surface. The density of crema and milk foam should be equal.

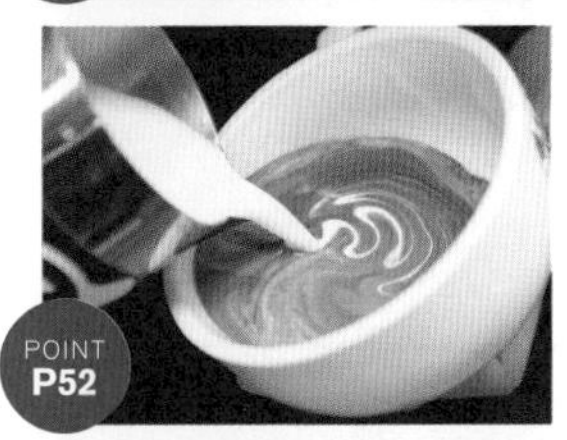

POINT P52

PROCESS_**03-a**

ピッチャーをふり、デザインを描く

カップの真ん中でピッチャーをふり始めると、ホース状に浮かんだミルクが自然と液体の流れる方向に流れていく。

Draw the design

Swing the pitcher in the center and leaves of the penumbra will begin to form. Let the milk push the design forward toward the front of the cup.

PROCESS_**03-b**

カップの縁までピッチャーを後進させる。

Gradually swing the pitcher backwards to the far end of the cup.

PROCESS_**03-c**

注ぐミルクの量を減らし、細く注ぎながら、中心に細い線を描いて完成させる。

Lift the pitcher off the side of the cup and pour thin streak of milk in the center, Move the pitcher forward toward your thumb.

描き出しが早いロゼッタ

Drawing at a fast speed.

DRAWING LATTE ART

ROSETTA: TECHNIQUES AT PROCESS ②

ロゼッタ第②工程目でのテクニックポイント

描き出しが早いと細い線を描くことができる。
描き出しが遅いと太い線を描くことができる。

Drawing at fast speed can make a finer line. Drawing at slower speed can make a thick line.

描き出しが遅いロゼッタ
Drawing at a slower speed.

強い対流

注ぎを強くし、白いドット（ミルク）が浮き上がった後、カップの真ん中でピッチャーをふる時間を長めにとり、ピッチャーのバックの開始を遅くする。そうすることで「カップ全体に対流がおこる」。

Strong convection flow

Increase the milk flow and take longer time swinging the pitcher at the center when "white dot" appear. Slowly move the pitcher backwards. Convection flow happens throughout the cup.

カップに大きくロゼッタを描くのに有効
Effective when making a big rosetta.

DRAWING LATTE ART

ROSETTA: TECHNIQUES AT PROCESS ③

ロゼッタ第③工程目でのテクニックポイント

第③工程でピッチャーをバック（後進）させるタイミングを変えると、仕上がりのデザインも変わる。

Finishing design will be different when changing the timing of moving the pitcher backward at Process ③.

弱い対流

注ぎを弱くし、白いドット(ミルク)が浮き上がったら、直ちにピッチャーをふりながらバックを開始する。そうすることで「カップに弱い対流がおこる」。

Weak convection flow

Decrease the milk flow and immediately swing the pitcher backwards when "white dot" appear. Weaker convection flow happens in the cup.

細かいロゼッタや複数枚のロゼッタを描くのに有効
Effective when making a thin or more than one rosetta.

DRAWING LATTE ART

HOW TO MAKE A HEART

ハート

STEP_**01**

クレマの下にミルクを沈める

P43と同じく、エスプレッソにミルクを注ぐ。

Sink the milk

Like on P43, pour steamed milk into espresso.

STEP_**02**

クレマの上に白いドット(ミルク)を引き出す

カップの真ん中でピッチャーをふり始め、引き出した白いドット(ミルク)を丸くしていく。

Float the milk

Swing the pitcher in the center of the cup and make the "white dot" rounder.

STEP_**03-a**

ピッチャーをふり、デザインを描く

ミルクを注ぐ位置は、カップの中央に固定する。小刻みにピッチャーをふり続ける。

Draw the design

Pour milk in the center of the cup and keep swinging the pitcher at a small frequency.

STEP_**03-b**

大きな丸いリングが完成。

Make a big ring.

STEP_**03-c**

細い注ぎで中心に細い線を描き、ハートの下先のとがった部分を完成させる

Pour a thin milk stream in the center to complete the shape.

STEP_**01**

クレマの下にミルクを沈める

P45と同じく、エスプレッソにミルクを注ぐ。

Sink the milk

Like on P45, pour steamed milk into espresso.

STEP_**02**

クレマの上に白いドット(ミルク)を引き出す

カップの真ん中でピッチャーをふり始め、引き出した白いドットを大きくしていく。ひとつめのドットが完成したら、一度ピッチャーを引き上げる。

Float the milk

Swing the pitcher in the center of the cup and make the "white dot" bigger. Raise the pitcher after making the first "white dot".

STEP_**03**

デザインを描く

再びカップの真ん中にミルクを注ぎ入れ、ドットを描き出す。前のドットを後ろから押しながら、続けてドットを4つ描き出す。最後に細い注ぎで中心に細い線を描いて完成させる。

Draw the design

Make the second "white dot" by pouring milk in the center of the cup. Push the first "white dot" forward and continue to make 4 of the same "white dot" by following the same steps. Pour a thin milk stream in the center to finish.

DRAWING LATTE ART

HOW TO MAKE A TULIP

チューリップ

DRAWING LATTE ART

HOW TO MAKE SWIRL ART

渦

対流（液体の流れ）を利用して描き出す、渦巻き状のラテアート。

Make swirl art by using convection flow.

STEP_01

クレマの下にミルクを沈める

P45と同じく、カップの中心にミルクを注ぎ入れる。注ぎ入れる位置を縁に移動させていく。

Sink the milk

Like on P45, start pouring steamed milk in the center of the cup. Gradually pour along the rim of the cup.

STEP_02

クレマの上に白いドット(ミルク)を引き出す

白いドット(ミルク)が現れ、カップ内では対流の作用により渦ができている。

Float the milk

"White dot" appear and a swirl is made inside the cup with the help of convection flow.

STEP_03

ピッチャーをふり、デザインを描く

a ピッチャーをふり始めると第①工程、第②工程でつくり出した渦が自然とカップの縁に沿って旋回しながら流れていく。
b 仕上げにハートを描く。

Draw the design

a Swirl made at Steps ① and ② will naturally and gradually rise above the surface along the rim as you swing the pitcher side to side.
b Make a heart to finish.

第①、②工程でカップ内に渦をつくる。 Make a swirl at Step ① and ②.

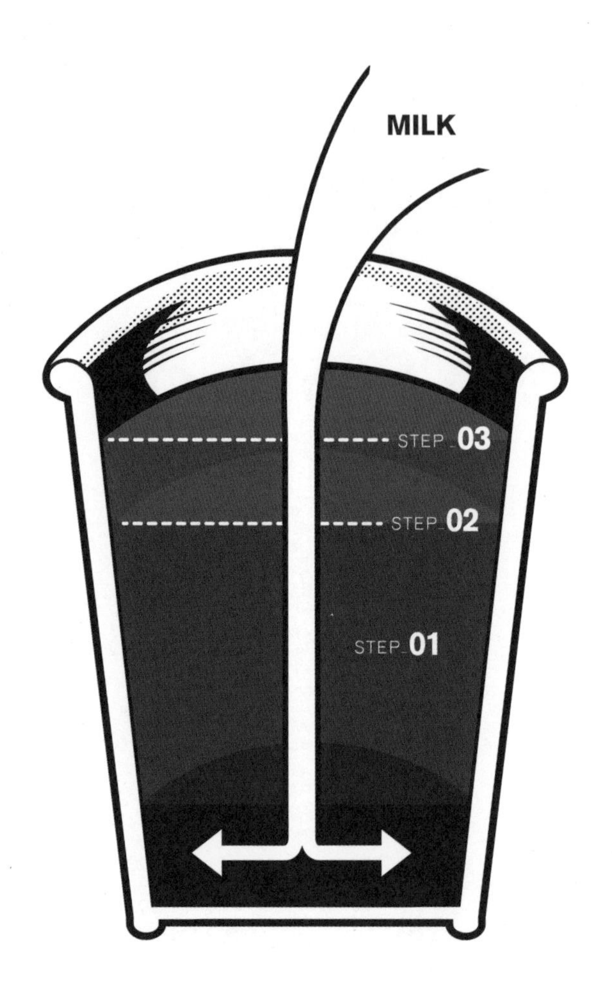

Point

第①工程を長めにとる | Take longer time at Step ①.

DRAWING LATTE ART

TO-GO CUP & MUG

テイクアウト用カップ&マグ

チェーン店をはじめ多くのコーヒーショップで使われているテイクアウト用のカップ。カップの高さが高いほど、難易度も高くなる。

Many chain coffee shops serve coffee in a to-go cup. It becomes more difficult to make a design as the size of a cup gets taller.

Supreme

STARBUCK
COFFE

STEP_**01**

クレマの下にミルクを沈める

P45と同じく、エスプレッソにミルクを注ぐ。ここでは注ぎのスピードが重要になってくる。注ぎが早すぎるとクレマの状態をキープできず、また遅すぎるとフォームミルクが固くなる。

Sink milk under the crema.

Like on P45, pour milk into espresso, but the key is to pour at a right speed. Crema will break when pouring speed is too fast; and milk foam will harden when pouring speed is too slow.

STEP_**02**

クレマの上に白いドット(ミルク)を引き出す

Float the mik

STEP_**03**

ピッチャーをふり、デザインを描く

Swing the pitcher to draw a design.

DRAWING LATTE ART

BASIC PROCESS FOR COMBINATION LATTE ART DESIGN

複数デザインを入れたラテアートの基本工程

複数デザインを描くときは、渦、大きなデザイン、小さなデザインの順番で描くとよい。

The order of art design when making combination art: Swirl→Large design→Small design

Basic Process

❶ 渦のデザイン Swirl design → ❷ 大きなデザイン Larger design → ❸ 小さなデザイン Smaller design

複数模様のラテアート例
Samples

ロゼッタ チューリップ
Rosetta／Tulip

渦 チューリップ
Swirl ／Tulip

大きいロゼッタ 小さいロゼッタ
Large Rosetta／Small Rosetta

THE BASICS OF ESPRESSO AND MILK STEAMING

エスプレッソとミルクの基本モデル

使用するエスプレッソマシーンやコーヒー豆の種類などに合わせて変更する必要がある。

Change and adjust according to the type of espresso machine and the type of coffee bean being used.

エスプレッソの抽出 | Espresso extraction

抽出量 Extraction amount	42～56 ㎖ | 1.5～2.0oz ＝15～21g grounds
ダンピングの力 Tamping pressure	13.5～20kg | 30～45lb
抽出圧力 Extraction pressure	8.5～9.0 気圧 | 8.5～9.0bar
抽出温度 Extraction temperature	ローストが深い ⇔ ローストが浅い 94.4℃～95.6℃ | darker roast ⇔ lighter roast 202° F～204° F
抽出時間（蒸らし時間を含む） Extraction time (include preinfusion time)	25～35 秒 | 25～35 seconds

ミルクのスチーミング | Milk steaming

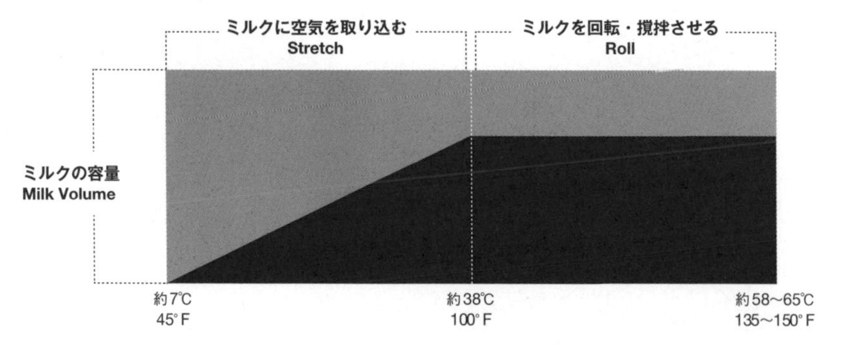

LATTE ART TROUBLE SHOOTING

ラテアートの問題解決

エスプレッソ抽出時とミルクを注ぐ際に起こりやすい原因と問題。

Common problem and its cause during espresso extraction and milk steaming.

エスプレッソの抽出 | Espresso extraction

問題1 | Problem 1	原因 | Cause	対策 | Solution
エスプレッソの色が薄く、味が酸っぱい Light color espresso and tastes acidic.	抽出時の湯の温度が低すぎる(グループヘッドのすすぎ過剰が原因) Water temperature is too low. (Over flushing the groupheads)	グループヘッドのすすぎは1〜2秒に留める Purge for only 1~2 seconds to rinse the groupheads.
	抽出時の圧力が低すぎる Extraction pressure is too low.	エスプレッソマシーンの圧力設定を上げる Increase the extraction pressure.
	ポルタフィルターの予熱温度が低すぎる(ポルタフィルターを長時間エスプレッソマシーンから離し過ぎることが原因) Porta-filter is pre-heated too low. (Leaving porta-filter away from grouphead too long cause it to cool down).	ドーシング、タンピングの作業速度を速くする Increase the speed of dosing and tamping.

問題2 | Problem 2	原因 | Cause	対策 | Solution
エスプレッソの色が黒く、味が苦い Dark color espresso and tastes bitter.	エスプレッソマシーンの清掃が不完全 Espresso machine cleaning is insufficient.	専用の洗剤を使い、こまめにマシーンの清掃を行う Use right cleaning detergent and clean espresso machine frequently.
	ドーシングチャンバーに長時間放置しておいた粉コーヒーを使用した Using coffee grounds that has been left in the dosing chamber for too long.	挽いた粉コーヒーをためておけるのは数分 1回ずつ使いきるのがポイント Ground coffee can only be left for a few minutes. It is best to grind per shot.
	劣化したコーヒー豆を使用した(=焙煎後、時間が経ち過ぎている) Using old coffee bean. (=The bean has been sitting out too long after the roasting date.)	鮮度の高いコーヒー豆を使用する Use fresh coffee bean.
	抽出時の湯の温度がコーヒー豆に合っていない(=温度が高すぎる) Water temperature is set incorrectly. (=Temperature is too high)	エスプレッソマシーンの湯温設定を下げる Lower the water temperature.

ミルクの注ぎ方 | Milk pouring

問題1 ｜ Problem 1	原因 ｜ Cause	対策 ｜ Solution
第①工程でミルクがクレマの下に沈まない Milk do not sink under crema at Step ①.	ミルクを注ぐスピードが速すぎる Pouring milk too fast.	ミルクを注ぐスピードを緩める Pour milk slowly.
	フォーム(泡)ミルクが多すぎるか、フォームが粗い Milk is too foamy or has too many big bubbles.	スチーミングでフォームの量を少なくし、キメ細かくする Create less foam and make microfoam bubbles.
	スチーミングが終わってから注ぎまで時間がかかり過ぎている。スチーミングが終わった直後からフォームミルクは固くなりだす Pouring too slow. Foamed milk will start to harden right after finish steaming.	スチーミングが終わったら、直ちにミルクを注ぐ。スピードが重要 Pour immediately after finish steaming. Speed is the key.

問題2 ｜ Problem 2	原因 ｜ Cause	対策 ｜ Solution
第②工程でミルクがクレマの上に浮かない Milk do not appear on the surface of crema at Step ②.	ミルクを注ぐスピードが遅すぎる Pouring too slow.	ミルクを注ぐスピードを速める Pour faster.
	フォーム(泡)のミルクが少なすぎる Not enough foam in the steamed milk.	スチーミングでフォームの量を多くする Create more foam when steaming.
	ピッチャーの注ぎ口がクレマの表面から遠すぎる The tip of the pitcher is too far away from the surface of crema.	ピッチャーの注ぎ口をできる限りクレマに近づける Keep the tip of the pitcher close to crema.

EXTREME LATTE ART

POURED BY

HIROSHI SAWADA

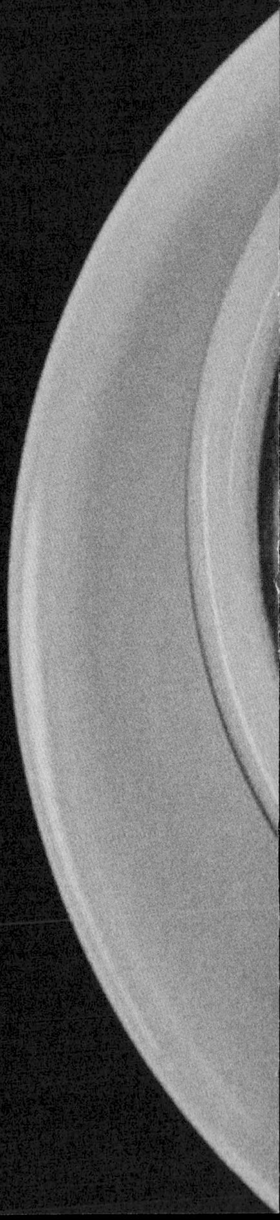

『翼の王国』ANA機関誌表紙（2010年）

WING SPAN COVER

Nikon　TV-CM　COOLPIX S640【オープンカフェ】篇

Nikon TV Commercial

McCafé TM

日本マクドナルド
広告ポスター（2009年）
McDonald Advertising Poster

Decaf
Shots
2
Syrup
Milk
Custom
Art
Drink
L

ブランドムック®
『FRED PERRY AUTUMN&WINTER 2010
COLLECTION BOOK』(宝島社)
撮影者:小尾淳介(Junsuke Obi)

LAUREL IN STOMACH

| VOL. 2 |

photography:JUNSUKE OBI latte art: HIROSHI SAWADA

フリーポア・ラテアートのワールドチャンピオン、澤田洋史さんが描くローレルマークは、ミルクを注ぐだけで描かれています。更にどこまで飲んでもローレルは消えません。澤田さんのお店「ストリーマー・コーヒー・カンパニー」(東京都渋谷区渋谷1-20-28)にもぜひ足を運んでみて。

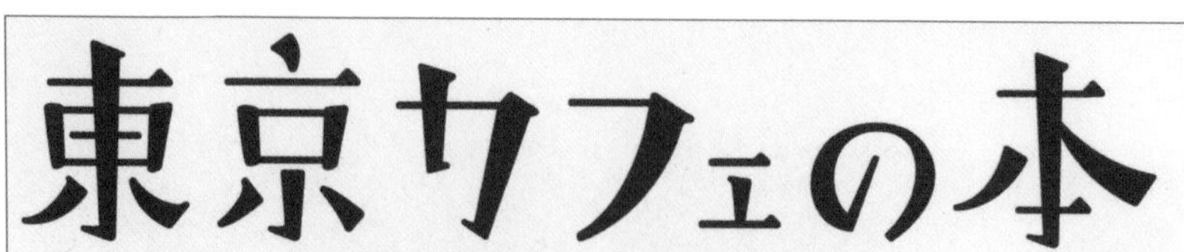

東京の旬なカフェをガイドする本

{ tokyo cafe guide book }

人気のカフェに理由アリ!

このラテアート
世界チャンピオンが
作りました!

古民家からブックカフェまで
好みに合わせた
カフェ選び

おいしいラテは美しい
究極のラテアートを
求めて…

カフェ飯VSカフェスイーツ
やっぱりおいしいカフェが好き

おすすめのカフェも紹介!
川口葉子さんに聞く
私がカフェを好きなワケ

カフェ好きの著名人に聞きました!

わたしの
カフェの選び方

酒井景都さん
甘糟記子さん
田中マヤさん and More...

一度は行きたい
東京名物カフェ案内

カフェハウス／bear pond espresso／ねじまき雲／nu cafe
シートマニア／uguisu／茶亭 羽當
CAFE六丁目／パクチーハウス東京／and more...

『東京カフェの本』表紙(枻出版社／2010年)
撮影者：蟹 由香(Yuka Kani)
Tokyo Café Guide Book Cover

Supreme

FREE POUR LATTE ART CHAMPIONSHIPS

2008年、米国シアトルで開かれたフリーポア ラテアートの世界選手権大会に出場した澤田洋史はアジア人初となる世界チャンピオンとなった。

北米やヨーロッパ、オーストラリアなどでさまざまな団体が主催して開かれるラテアートの世界選手権は、大別すると「欧州ルール」と「北米ルール」がある。エッチング（ピックなどを使う）でデザインを描く欧州のルールに対し、フリーポアのみでデザインを描くのが北米ルールだ。

その北米ルールの中でも世界最高峰と名高いのが「MILLROCK LATTE ART CHAMPIONSHIPS Seattle」だ。ミルクピッチャーのみで描かれる、フリーポア ラテアートの聖地シアトルで開かれ、毎年世界からラテアートの強者がエントリーしてくる。大会の通称ミルロックシアトルに澤田洋史は出場して世界チャンピオンとなった。この大会の特徴は、公正な審査を行うためブラインドジャッジを採用。またテイスティング審査がないため、観客にとってもわかりやすく楽しめる内容になっている。さらに、黒服の正装スタイルが一般的な日本のコーヒー関連の大会などと比較して、カジュアルなシャツ＆ボトム姿の出場者が多いことも目を引く。オープンな雰囲気の中で行われる大会には、世界中から多くのラテーアーティストがエントリーする。こうした世界大会への参加は、バリスタにとって、自らの道を極め飛躍を遂げるひとつのきっかけとなるだろう。

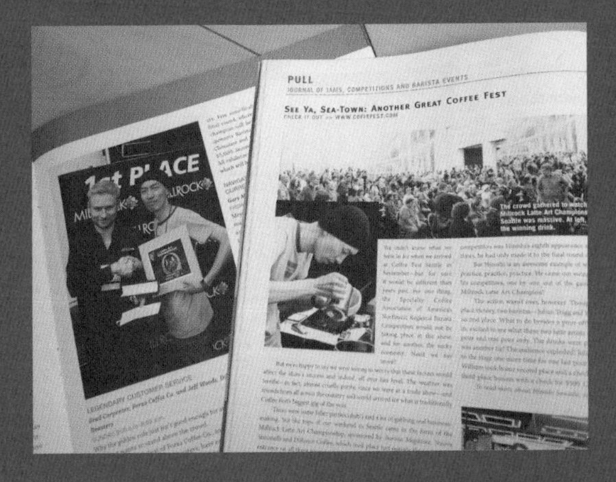

PULL
JOURNAL OF JAMS, COMPETITIONS AND BARISTA EVENTS

SEE YA, SEA-TOWN: ANOTHER GREAT COFFEE FEST
CHECK IT OUT >> WWW.COFFEEFEST.COM

FREE POUR LATTE ART CHAMPIONSHIPS

ミルロック ラテアート チャンピオンシップ シアトル概要

2008年9月、世界のラテアート大会史上、最大の
「フリーポア ラテアートチャンピオンシップ」が開催された。

優勝賞金： 5,000 U.S.ドル（バリスタ選手権で世界一の高額賞金）
参加応募数： 96名。シアトルの有名なカフェのトップバリスタをはじめ、全米、カナダ、オーストラリア、ロシア、日本など世界中からラテアーティストが参戦。
審査項目：
エスプレッソの抽出カラーとミルクの調和 ｜ Color Infusion
アートの鮮明度（エスプレッソとミルクのコントラスト） ｜ Definition
アートのバランス（カップとの調和、左右対称など） ｜ Aesthetic Beauty
そのほか、アートの芸術性・創造性・難易度など ｜ Degree of Difficulty and Creativity

ルール

エスプレッソマシーン、グラインダー、コーヒー豆、ミルクは主催者（スポンサー）が用意する。持ち込み可能なものはタンパー、ミルクピッチャー、無地の白いカップのみ。全員が等しい条件のもとで競技を行うため、マシーンやコーヒー豆などの品質に左右されず、バリスタのテクニックのみが勝敗をわける。

各出場者に与えられた時間は10分。最初の5分間は、グラインダーの調節やエスプレッソのクレマ状態の確認など、競技に入る準備に与えられた時間。残る5分の制限時間で3杯までラテアートを提出し、その中の最高得点の1杯がスコアとなる。

公正な審査のため、ブラインドジャッジ（審査対象がどの出場者によるものか、審査員には知らされないシステム）を採用。また選手全員が同じコーヒー豆とミルクを使用して「美しいフリーポア ラテアートはおいしさの証」という観点からテイスティング審査は行わない。エスプレッソ界の巨匠や歴代のラテアートチャンピオンなど、ラテアートに精通した人間が審査を務める。

ファイナル（決勝戦）に出場できるのは、予選の上位10名。予選スコアの持ち越しはできず、全員が等しい条件のもと、再び優勝をかけて競う。

フリーポア ラテアート チャンピオンのブレスレット。

Free Pour Latte Art champion Bracelet

INTERVIEW: HIROSHI SAWADA'S EXTREME LATTE

HIROSHI SAWADA'S エクストリームラテ論

「エクストリームスポーツ」精神が
生み出す見る人を魅了してやまない「芸術」

2001年、ビジネスと語学を学ぶために留学したシアトルで出会ったラテアートが、澤田さんの人生を大きく変えた。
「学校の宿題をするためにたまたま入ったカフェで頼んだコーヒーの表面に、それまで見たことがない見事なラテアートが描かれていたんです。その店のバリスタはTシャツに短パン、タトゥーを入れたカジュアルな格好で、そのギャップにも驚きました。すぐその店の常連になって、やがてそこで自分も働かせてもらうことになりました。興味のあることは何でもやりたくなる性格なんです」

学校の授業が終わってからカフェでコーヒーを淹れる生活を1年ほど続けた澤田さん。帰国後は日本で就職したが、コーヒーへの思い断ちがたく、2006年に再びアメリカに渡り、「コーヒー修業」に励むこととなった。「1日に200杯はカフェラテを注いでいました。ときには、お風呂にミルクピッチャーを持ち込んで、浴槽のお湯を使って練習したこともありましたね」

テレビCM出演の依頼が…

アメリカでは、西海岸を中心にフリーポア ラテアートの大会が開かれている。澤田さんもあちこちの大会に参加した。そして、2008年9月、シアトルでの世界大会でついに優勝。8度目の大会挑戦にしての快挙だった。当時は誰も大会で披露しなかった、リーフ模様を3つ配置した「トリプルロゼッタ」を描いたことが決め手になった。
「ほかの人と同じことをやっても、差をつけられません。人ができないことをやらないと。もちろん、それは簡単なことではないし、僕自身も、今でもなかなか納得できるものはできない。でも、だからこそ面白いんです」

チャンピオンとして帰国し、バリスタトレーナーやカフェ

コンサルタントとして働いていた澤田さんのもとに、ある日、テレビCM出演の依頼が飛び込んできた。
「CM撮影でラテアートを作ってくれということだけ聞いていました。現場に行って初めてニコンのCMだと知り、ビックリしました(笑)」
　同じ頃、澤田さんのラテアートは日本マクドナルドの「マックカフェ」のプロモーションにも使われた。その後も多くの企業や人々が、コラボレーションを提案してくれた。そこから生まれたTシャツなどのグッズは、澤田さんの店「STREAMER COFFEE COMPANY」でも扱っている。澤田さんの作るラテアートは、多くの人に一度見たら忘れられない印象を残すのだろう。

必要なのは、何よりも集中力

　誰にもまねできないフリーポア ラテアートをどうやって作るのか。必要なのは、何よりも集中力。ラテアートを作るときは、今まさに勝負に挑もうとするスポーツ選手の心境に近いものがあるという。アメリカの西海岸で盛んなスノーボードやスケートボードが趣味だという澤田さん。そんな「エクストリームスポーツ」をすることで、自然と集中力を養っていたのかもしれない。
　澤田さんの夢は、もっとフリーポア ラテアートの存在を世に広め、バリスタが市民権を得ること。そのため、現在も世界中で若手バリスタのトレーニングやラテアートの大会の審査をこなし、「STREAMER COFFEE COMPANY」では若いスタッフを積極的に採用している。「自分が教えた人たちは、どこの国に行っても通用するバリスタにしたい。アメリカ流のバリスタが日本でも若い人のあこがれの職業になったら、うれしい」

STREAMER
COFFEE COMPANY

2010年4月、渋谷に開店した澤田さんがプロデュースするカフェ。メインのドリンクはラテアートが描かれた「ストリーマーラテ」。注文を受けてから豆を挽き、抽出したてのエスプレッソにミルクの注ぎのみでラテアートを描いてサーブする。コーヒーの味は濃厚だが嫌な苦みや雑味はなく、砂糖が入っていないのに甘さを感じるのは、高い技術と適温で究極にきめ細かくされたフォームミルクのお陰だ。最後のひと口を飲み終わるまで、ラテアートの形がほとんど崩れないのも感動モノ。フードは、アメリカのスイーツ店に特注したドーナツやケーキなどのスイーツのみで、ランチなどの食事は出さない。「カフェはあくまでコーヒーを楽しむためのもの」というアメリンスタイルにこだわっているからだ。シンプルなインテリアや鍵を借りて入るトイレもアメリカ流。店内ではコーヒー豆やカップのほか、Tシャツやタオル、バッグなどのオリジナルグッズも販売している。なお、原宿にもテイクアウト専門店がある。

STREAMER
COFFEE COMPANY
www.streamercoffee.com

2010年のオープンから、コラボやオリジナルものとしてリリースされたSTREAMER COFFEE COMPANYのラインナップを一部紹介。

Barista Pro Shop
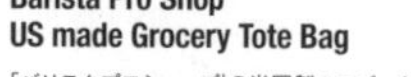
US made Grocery Tote Bag

「バリスタプロショップ」の米国製エコバック

EP Skull×Hiroshi Rosetta Rickshaw Bag

コーヒーにまつわる全ての部品や製品を扱い、エスプレッソマシーンなども改造する「エスプレッソパーツ」ロゴマーク、スカルの額にヒロシ・ロゼッタの入ったメッセンジャーバック

EP Hiroshi Icon Track Jacket

澤田洋史のシルエットが左胸に入った「エスプレッソパーツ」トラックジャケット

BARISTA SPORT WEAR
STREAMER CAMO
BASKETBALL SHORTS

澤田洋史のラテアートカモフラージュのバスケットボールショーツ

STREAMER×CHARI&CO
NYC 5 panel Cap

ニューヨークのサイクルショップ「CHARI&CO」と「STREAMER COFFEE COMPANY」のコラボキャップ

01_STREAMER COFFEE 2010 TEE
2010年4月STREAMER COFFEE SHOP 1号店オープン記念Tシャツ

02_BARISTA SPORTS WEAR (STREAMER x AKTR) BEAR TEE
バリスタスポーツウェア(「STREAMER x AKTR」コラボ)ベアーTシャツ

03_BARISTA SPORTS WEAR Stencil TEE
「バリスタスポーツウェア」ステンシルTシャツ

04_BARISTA SPORT WEAR Latte Art University TEE
「バリスタスポーツウェア」ラテアート大学Tシャツ

05_Barista Pro Shop Cup & Saucer TEE
「エスプレッソパーツ」のデミタスカップに、ヒロシ・ロゼッタTシャツ

06_Espresso Parts ASTRO BOY TEE
アストロボーイがポルタフィルターを持っている「エスプレッソパーツ」Tシャツ

07_Skull Cup & Portafilter-Wrench Crossbones x Hiroshi Rosetta TEE
ドクロカップの額にヒロシ・ロゼッタが入った「エスプレッソパーツ」とのコラボTシャツ

08_Barista Angel TEE
チャーリーズエンジェル風、バリスタエンジェルTシャツ

09_Espresso Parts SANTA CRUZ parody TEE
サーフブランド「サンタクルーズ」をもじった「エスプレッソパーツ」Tシャツ

10_To Go Cup ID Latte Art TEE
ラテアートのIDが書かれたペーパーカップTシャツ

11_Barista Pro Shop Masked Barista TEE
澤田洋史が覆面バリスタになったTシャツ

12_Nikon TV commercial x Latte Art long Sleeves
ニコンのテレビコマーシャル用に製作されたラテアート・ロングスリーブTシャツ

13_BARISTA SPORT WEAR TRIPLE ROSETTA TEE
「バリスタスポーツウェア」トリプルロゼッタTシャツ、背中に背番号をプリント。

14_Japan Fund Raising TEE
澤田洋史が描かれた米国チャリティーTシャツ

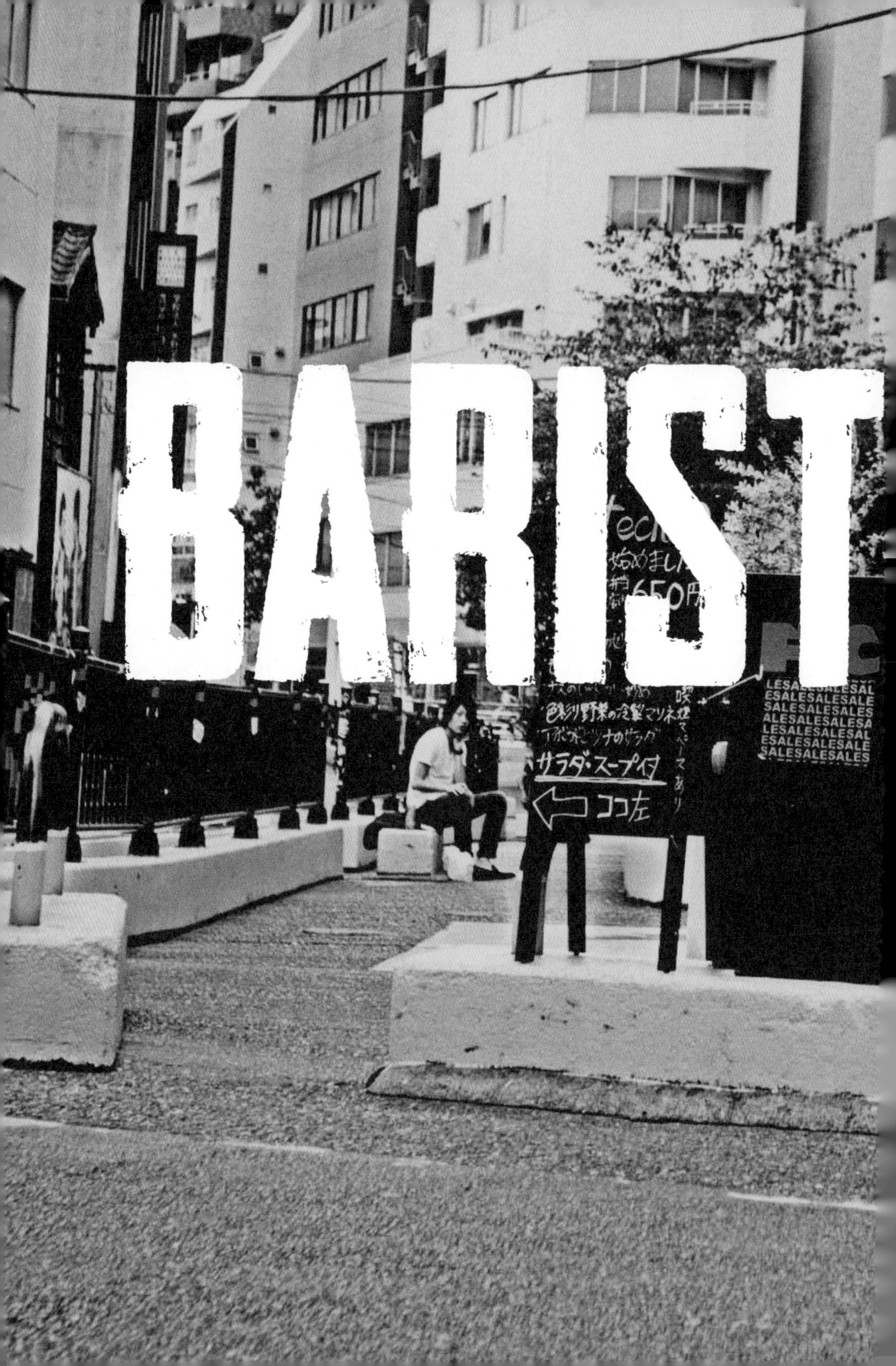
BARIST
サラダ・スープ付
ココ左
SALESALESALES

STYLE
Supreme

BARISTA'S BAG

ON TIME

01_ Patagonia R2 VEST イタリア系バリスタには見られないフリースの黒ベスト **02_ Barista Sports Wear Towel** 体力を要するバリスタ専用スポーツタオル **03_ Brillo Cube** 手先を使うバリスタにとって程よい柔らかさがあるウレタン素材をいじることでストレス解消になり、脳を活性化してラテアートの創造性を高めるキューブ **04_ Water Bottle** 水分補給をするウォーターボトルは欠かせない必需品 **05_ STREAMER COFFEE COMPANYオリジナルタンパー** カスタムタンパー **06_ CanBadges** コーヒー関連の缶バッチ各種 **07_ Custom Milk Pitcher** マットブラックに塗装されたカスタムミルクピッチャー **08_ barista MAGAZINE** 愛読雑誌 **09_ Keychain** お店のカギ **10_ Bottle Opener** シアトルにあるエスプレッソマシーンの会社、シネッソ(SYNESSO)のボトルオープナー **11_ G-SHOCK** MUDMAN(右)とEVANGELION(左) **12_ Mug** マイカップは持参 **13_ CAFE WIPZ** コーヒー器具専用ウエットティッシュ **14_ CLIF BAR_Chocolate Chip** ランチ代わりにチョコレートチップ味のクリフバー **15_ Red Bull** バリスタのパフォーマンス発揮ドリンク

カバンのなか見

オンとオフの日に分けてバリスタ澤田洋史は何を持っているのか。カバンのなか見を拝見。

OFF TIME

01_ Diner Mug 行きつけのカフェのマグ **02_ Water Bottle** 熱中症予防 **03_ BARISTA·La Marzocco, T-Shirts** 着替え用Tシャツ **04_ Backpack** 機能面も重視した大容量のバックパック **05_ CLIF BAR_Banana Nut Bread** エネルギー補給のクリフバー。バナナナッツブレッド味 **06_ Punch Card** よく行くコーヒーショップのパンチカード **07_ Tech Deck** 指先の感覚・集中力を高めるスケートボードのおもちゃ **08_ BEDWIN x STREAMER Drinking Jar** フタ付きマグ **09_ Vintage Rolex Daytona** 手巻きデイトナ **10_ Panerai Militare Lefty** 左利き用時計 **11_ Bottle Opener** 瓶ビール用栓抜き **12_ Coffee Sleeve** 携帯コーヒースリーブ **13_ Custom Tampers** スケートボードウィール装着したカスタムタンパー

BARISTA'S SHOES

上段、左から、
New Balance CM1700 (Coffee)
Supreme x VANS (Campbell's Soup)

下段、左から、
Supreme x Nike (Dunk Low Pro SB 2012)
New Balance M576 (Chocolate Brown)

スケートボードで通勤するときのシューズ、Supremeと、仕事時に履くバリスタ用シューズとしてNew Balanceを愛用。バリスタは、長時間立ったままの持久力が必要なため、クッション性の高さと安定性を兼ね備えたシューズは欠かせない。またコーヒーの汚れが気にならないコーヒーカラーがベスト。

BARISTA ON PACKAGE

01_ STREAMER COFFEE COMPANY ジャーマグ ストリーマーコーヒーのリボルバー・ラテ専用マグ。フタ付きなのでマグ以外の用途も可能 **02_ タカナシ乳業 低温殺菌牛乳** 澤田洋史の「ミルクとラテアートのお話」Vol.1 ~ Vol.10 まで掲載。2011 年に全国のスーパーマーケットなどで販売した **03_ Da Vinci Vanilla Syrup** 自身の顔が入ったバリスタ用バニラシロップ。バニラ・ラテはじめ用途の幅が広いシロップ **04_ STREAMER COFFEE COMPANY streamer BLEND** ストリーマーコーヒーのエスプレッソドリンクの素となるブレンドコーヒー豆 **05_ TRIPLE SHOT LATTE（トリプルショットラテ・ストロングコーヒー）** 澤田洋史監修。通常の 3 倍のコーヒー豆使用の濃厚ラテ。2010 年、全国コンビニ店で販売 **06_ STREAMER COFFEE COMPANY Latte Art BLEND** ワイン「シャトー・ムートン・ロートシルト」のラベルを思わせるパッケージ。澤田洋史の絵画入り **07_ MEGMILK 炭焼きカフェラテ** 澤田洋史"ハートと渦"のフリーポアラテアートがパッケージになっている。

barista MAGAZINE

米国発行の有力グローバルコーヒー専門誌「バリスタマガジン」。2005年に創刊し、世界のカフェ、カフェで働くバリスタ、コーヒー農園、コーヒーイベントの情報から最新のコーヒーマシーン、バリスタ用器具までと、バリスタが知りたい情報が全て網羅されている。写真はアジア人初、澤田洋史が表紙を飾った2011年3·4月号。

barista
February / March 2011
Supreme
PEOPLE SERVING COFFEE

ニューズウィーク日本版

定価450円

Newsweek

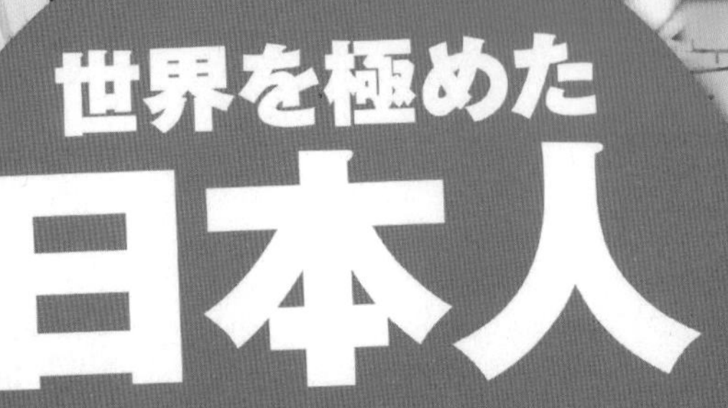

世界を極めた
日本人

五輪メダルでは測れない
日本人の底力──
正統派のフ
マニアック
異才
発想力

Excellen

HIROSHI

澤田

バリスタ／カフェコンサルタント。
東京・渋谷のカフェ STREAMER
2008年、シアトルで行われたフリ
シップで優勝（大会歴代最高スコア

new balance

「ニューズウィーク日本版」
2012年8月22日号

Featuring

HIROSHI SAWADA

ラテアートの世界チャンピオン、そして「LATTEST」のプロデュースを手がける、
STREAMER COFFEE COMPANYのオーナーバリスタ・澤田洋史氏。
常に新しいことに挑戦する澤田氏の「Excellent」とは。

── ラテアートとの出会い

── Excellentな体験

── 日本のバリスタのイメージを変えたい

澤田 洋史

ラテアーティスト

澤田 洋史

HIROSHI SAWADA

スピーディに、アクロバティックに、
ミルクピッチャーひとつでラテアートを描いていく様子はまさに
"エクストリーム・ラテアート"。
一瞬でも恐怖心に捕らわれると技が成功しないスケートボードやBMXのように
テクニックと共に真の内面の強さが求められる。
タフに独自のスタイルを追求し「バリスタ」の既成概念を覆し続ける澤田氏と
G-SHOCKが"エクストリーム"の名の基に共鳴。
今回のスペシャル・コラボレーションが実現した。

【PROFILE】紀ノ国屋インターナショナルに入社。当時、世界最年少の25歳でフランスチーズ鑑評騎士（シュヴァリエ デュ タスト フロマージュ）の称号を叙任。雪印乳業（広報部）、ディーンアンドデルーカ ジャパン（マーチャンダイザー）を経て現職。国内外でバリスタトレーナー＆カフェコンサルタントとしても活躍。

フリーポア ラテアート ワールドチャンピオン 2008年シアトル
（大会歴代最高スコア アジア人初のチャンピオン）

G-SHOCK

グ。実際に
ピング作業も1日200回ぐら
いやります。まるでスポーツ感
覚なんですよ。日本のコーヒー文
化が知識優先の文科系なのに対し

に抽出し
も出ない
ないと描
テアート

EK
LIPPE
TILUS

2

PANERAI
LUMINOR
LEFTHAND PVD

NERAI
ADIOMIR
36

4

PATEK PHILIPPE
NAUTILUS
CHRONOGRAPH

って時計は機能性も備えた、唯一のアクセサリーなんです」

時計はラテアートを生み出す大切な道具

ラテアートをご存知だろうか？カフェラテのトップをキャンバスに見立て、そこにミルクでアートを描く。中でもピックなどを使わずに、ピッチャーから注ぐミルクだけで描く最も難易度が高いスタイルが"フリーポア"だ。

澤田洋史氏は2008年、このフリーポア・ラテアートの世界チャンピオンに輝いた。それも歴代最高スコアを獲得するとともに、アジア人初のチャンピオンとして。

澤田氏がラテアートと出会ったのは約10年前に語学留学でシアトルに行った時のことだ。

「現地ではペーパーカップでも一杯ずつラテアートをやっていました。日本だとバリスタって黒いベストに蝶ネクタイをしたり、いかにも喫茶店のマスターじゃないですか。ところが向こうだとDJ風だったり、両腕にタトゥー全開だったり。それも衝撃的で」

以来その虜になり、独学で技術

て、ラテアートは
体育会系スタイル
ニットキャップ
シャツの下はデニ
ファッションその
のスタイルもまま
アーティストの
なのだ。そして
りの時計が映え
「時計もスポー
す。まず防水機
次に抽出時間を
の動きを確認す
い秒針が必要。
用的ですね。あ
げないフィット
が必要とする
デルを選んで、
氏にとって
お洒落のでき
り、そこに機
ある。それは
す大切な道具
「飲料を扱う
清潔感がなく
からリング
つもきれいに
の一方でラテ

新連載

俺の一流時計

SENSEな男達の"こだわり"の一本

vol.3

澤田洋史

北米に端を発する新しきカフェ文化を体現すべく、渋谷に"ストリーマーコーヒーカンパニー"をオープンさせた、ラテアーティストの澤田氏。2008年にシアトルで開催されたフリーポア・ラテアートのアジア人初の世界チャンピオンの腕元には個性的なビッグフェイスの機械式がよく似合う。

1

AUDEMARS
ROYAL OAK
OFFSHORE
SURVIVOR

エクストリームスポーツの影響を受けた独自のスタイル

PROFILE

coffee art

SIPPING COFFEE FOR GOOD WITH HIROSHI SAWADA & MARK SHIMAHARA

MONDAY, DECEMBER 19 | 8–10 AM | CAFE

Join world latte-art champion Hiroshi Sawada and Patagonia search engine optimization maestro Mark Shimahara as they serve espresso-based drinks in the cafe. Espresso, courtesy of Counter Culture, will come from *Finca Nueva Armenia*, the "bird friendly" farm in Guatemala where Mark did his environmental internship.

The coffee is complimentary, but donations will be accepted on behalf of Coffee Kids (direct employee contributions will be matched by Patagonia). Coffee Kids works in coffee-growing communities to create programs in education, health awareness, microcredit, food security and capacity building.

patagonia®

Photo: Mark Shimahara

チャリティー・バリスタ・シフト

バリスタが各地を巡り、ラテアートを描くことによる世界初の募金活動。

協力コーヒーショップなどで、Hiroshi Sawada が描いたラテアートの売り上げ全てが募金となる。(チップ含む)

協力場所：(Partner for Cooperation)
・Kali's Cafe (CLIF BAR 本社内カフェ カリフォルニア)
・Four Barrel Coffee (サンフランシスコ)
・Ritual Roasters (サンフランシスコ)
・Patagonia (ベンチュラ本社 カリフォルニア)
・Coffee Bar LA (ロサンゼルス)
・Gjelina (カリフォルニア ヴェニス)

集まった売上金は、メキシコ、グアテマラ、ペルー、コスタリカ、ニカラグアなどのコーヒー農園の家族たちの生活改善を支援する団体「コーヒーキッズ」に全額寄付。

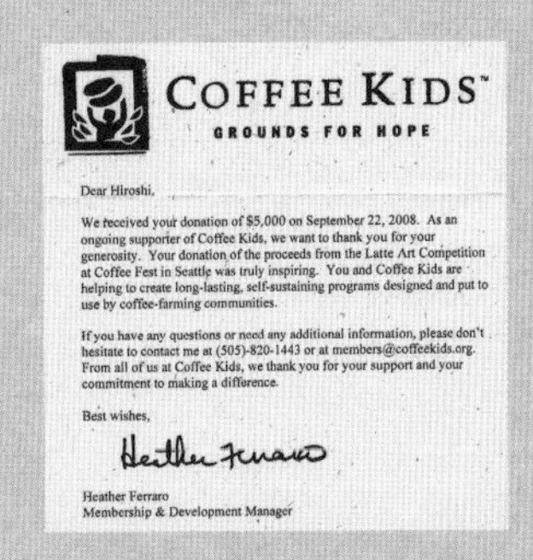

COFFEE KIDS™
GROUNDS FOR HOPE

Dear Hiroshi,

We received your donation of $5,000 on September 22, 2008. As an ongoing supporter of Coffee Kids, we want to thank you for your generosity. Your donation of the proceeds from the Latte Art Competition at Coffee Fest in Seattle was truly inspiring. You and Coffee Kids are helping to create long-lasting, self-sustaining programs designed and put to use by coffee-farming communities.

If you have any questions or need any additional information, please don't hesitate to contact me at (505)-820-1443 or at members@coffeekids.org. From all of us at Coffee Kids, we thank you for your support and your commitment to making a difference.

Best wishes,

Heather Ferraro

Heather Ferraro
Membership & Development Manager

HIROSHI SAWADA OF STREAMER COFFEE CO.

HAS INSPIRED THIS FUNDRAISING EFFORT TO SUPPORT THOSE AFFECTED BY 2011'S EARTHQUAKE AND TSUNAMI. SHOW YOUR SUPPORT BY BUYING AND WEARING ONE OF THESE AWESOME SHIRTS.

Hiroshi Sawada ESPRESSO PARTS

東日本大震災被災地の
復興支援チャリティーTシャツを米国でリリース

日本地震観測史上最大となるマグニチュード9.0を記録し、東北地方を中心に甚大な被害を与えた東日本大震災。震災後、日本だけでなく、世界中で被災地の復興支援を目的とした活動があるなか、「BARISTA MAGAZINE」「ESPRESSO PARTS」「Olympia Screen」「STREAMER COFFEE COMPANY」が、コラボレーションしたTシャツを米国でリリース。

このチャリティーTシャツは、米国内「COFFEE FEST」「Specialty Coffee Association of America (SCAA)会場」及び「ESPRESSO PARTS」オンラインショップにて販売。売上金額は全額、日本赤十字社を通して被災地に寄付される。

OUTRO

2008年9月14日、米国シアトルで開催されたフリーポア・ラテアートの世界大会で優勝した、翌日の9月15日、米国投資銀行のリーマン・ブラザーズが破綻し、世界同時不況が起こりました。この「リーマンショック」がきっかけで、世界的な金融危機、経済の冷え込みが社会全体にダメージを与え、翌年から、このラテアート大会自体も縮小されてしまいました。

しかし、私はこのような世の中の変化に流されず、自ら新しい変化と世界を創り出したいと思いました。当時、日本では注いだ後にピックで後書きする「デザインカプチーノ」がラテアートの主流だったころ、英語表記のみで知られていた「Free Pour Latte」を「フリーポア ラテアート」と日本語で読み、カタカナ表記を定義しました。

そしてお店で「デザインカプチーノ」のリクエストがあっても「フリーポア ラテアート」だけにこだわりました。

これが私のラテアートだと。

万人に好かれるためにコーヒーを提供すると個性が無くなりますし、なんといっても「フリーポア ラテアート」の普及にもなりません。これは、自分の意思を貫いて行動することに成功があると信じているからです。そしてようやく今、日本でも「フリーポア ラテアート」が浸透し、その大会も認知されるほどになってきました。

ラテアートは、諦めないで継続することの大切さと健全な働き方を教えてくれました。なんといってもラテアートを描くのは、集中力が重要です。その高い緊張と集中力のために、バリスタの働き方が大切になってきます。

STREAMER COFFEE COMPANYでは、明るい時間のみの短時間営業をし、閉店後は皆プライベートを大切にしています。コーヒー以外のものにも触れて外の世界を知り、またリラックスすれば、次なる創造力を高めます。出勤に疲れる満員電車にも乗りません。バリスタが、自分の働き方に満足していないと、お客様を満足させることは出来ません。言うまでもなく、良いラテアートも描けません。働くことは、単に自分の時間とお金の引き換えだけではなく、一杯に自分自身の個性を吹き込めるのです。STREAMER COFFEE COMPANYでは、2度と同じものは描けないラテアートとの一期一会の出会いや働く仲間のラテアートの上達、お客様の笑顔を見ることが出来ます。

今もゴールが見えないラテアートを通して、自分自身の成長を実感し、素晴らしい出会いを与えてくれます。これからバリスタを目指される方やラテアートに興味がある方々も私と同じく、ラテアートに夢中になっていただけたら幸いです。

2012年8月17日
澤田洋史

Hiroshi Sawada

バリスタ。ラテアーティスト。大阪府出身。近畿大学商経学部経営学科卒業後、紀ノ国屋インターナショナルに入社。当時、世界最年少の25歳でフランスチーズ鑑評騎士(シュヴァリエ デュ タスト フロマージュ)の称号を叙任。雪印乳業(広報部)、ディーンアンドデルーカジャパン(MD)を経て現職。2008年に「Free Pour ラテアートチャンピオンシップ　シアトル大会」で歴代最高スコアをたたき出し、アジア人初のラテアートワールドチャンピオンに輝く。2010年にSTREAMER COFFEE COMPANYをオープンする。国内外でバリスタトレーナー＆カフェコンサルタントとしても活躍。

Special Support

Supreme
www.supremenewyork.jp

G-SHOCK
(CASIO COMPUTER CO., LTD.)
www.g-shock.jp

New Balance
www.newbalance.co.jp

Espresso Parts
www.espressoparts.com

Barista Magazine
www.baristamagazine.com

Mark Shimahara
www.espresso-shots.com

Takanashi milk products Co.,Ltd.
www.takanashi-milk.co.jp

TOEI KOGYO CO.,LTD.
www.toei-inc.co.jp

DCS CO.,Ltd.
www.dcservice.co.jp

Mercedes-Benz Connection
DOWNSTAIRS COFFEE
http://www.mercedes-benz-connection.com

Hiroshi's
ラテアート&バリスタスタイル

2012 年 10 月 1 日　第 1 刷発行

Staff
Art Direction : Yoshihiro Kato (OFFIBA DESIGN)
Design: OFFIBA DESIGN
Writer : Toru Kishinami (P104-109)
Illustration : fukuo
Photo : Akiko Arai (SOSOUP)
(Without P8 Espresso Machine, P10 Grinder, P12-13, 76, 80, 84, 91, 94, part of 99, 100-103, 120-127)
Item Photo : DICE-K (P11 Milk Pitcher, P110-111)
English Translation : Kana Fujiwara
Edit : Fuyuko Kita

著者　澤田洋史
発行人　佐野 裕
発行　トランスワールドジャパン株式会社

〒150-0001 東京都渋谷区神宮前 6-34-15 モンターナビル
Tel: 03-5778-8599　Fax:03-5778-8743

印刷・製本　日経印刷株式会社

Printed in Japan

ISBN 978-4-86256-109-1